[美]雪莉·杰克逊◎著

杨　雪◎译

新华出版社

图书在版编目（CIP）数据

邪屋 / (美) 杰克逊著；杨雪译. -- 北京：新华出版社, 2016.5
书名原文: The Haunting of Hill House

ISBN 978-7-5166-2470-8

Ⅰ. ①邪… Ⅱ. ①杰… ②杨… Ⅲ. ①长篇小说－美国－现代
Ⅳ. ①I712.45

中国版本图书馆CIP数据核字（2016）第077577号

The Haunting of Hill House
By Shirley Jackson

邪屋

作　　者：[美]雪莉·杰克逊　　**译　　者**：杨　雪

责任编辑：黄绪国　　**责任印制**：廖成华
封面设计：臻美书装

出版发行：新华出版社
地　　址：北京石景山区京原路8号　　**邮　　编**：100040
网　　址：http://www.xinhuapub.com　http://press.xinhuanet.com
经　　销：新华书店
购书热线：010－63077122　　**中国新闻书店购书热线**：010－63072012

照　　排：臻美书装
印　　刷：北京凯达印务有限公司

成品尺寸：145mm×210mm　1/32
印　　张：8.25　　**字　　数**：160千字
版　　次：2016年5月第一版　　**印　　次**：2016年5月第一次印刷

书　　号：ISBN　978-7-5166-2470-8
定　　价：32.00元

图书如有印装问题请与出版社联系调换：010-63077101

第一章

❶

没有谁能长时间活在绝对的现实中而保持理智；即使是云雀和蝈蝈儿，恐怕也是要做梦的。西林山庄，丧失了理智，耸立山间，日星隐曜；它已经耸立了八十年，恐怕还要再耸立八十年。山庄里，墙体依然笔直，砖瓦严丝合缝，地板尚还牢固，门也兀自关着；寂静笼罩着西林山庄的一草一木，每一个经过这里的生灵，都会感到孑然一身、形单影只。

约翰·蒙太古是人类学博士，之所以学人类学，是因为觉得这门学科可能最接近他的兴趣：灵异现象研究。他的调查方法极不科学，所以只能从博士的头衔中找到一点自豪和权威。他做人从不低声下气，可为了租下西林山庄，却花了大笔的钱，并赔上许多自尊，才获得三个月的租期。但他坚信，在公认“闹鬼”的宅子里写出的对灵异现象的分析著作，肯定会引起轰动，那时他为此付出的一切辛劳也就值了。他一辈子都在寻找真正闹鬼的房子。听说西林山庄的时候，他先是怀疑，继而期待，最后坚定了信心；既然已经找到这块肥肉，他可不会轻易放弃。

十九世纪无畏的捉鬼者启发了蒙太古博士研究西林山庄的想法；他打算住到西林山庄里，亲眼看看会发生什么。他原本是想像巴勒欣山庄的那位不知名的女士那样，举办长达一夏天的聚会，用槌球和看鬼活动吸引各路信鬼和不信鬼的人士参加；可惜当今这个时代，不管是信鬼的还是不信鬼的，亦或是不错的槌球运动员，都不好找了。蒙太古博士只得招募助手。可能是搞灵异研究的人都闲散不羁，也可能是细致记录的研究方法早已过时，总之，并没有人主动上门，蒙太古博士只得自己去找。

蒙太古博士以细致谨慎自诩，故而在寻找人选上花了很长时间。他把灵异研究的记录、过期黄色小报和通灵学者的报告翻了个遍，整理出一份因为种种原因经历过离奇事件的人的名单。先剔除已经去世的人，再划掉那些看上去像是爱出风头、哗众取宠或者有点弱智的名字，就只剩下十几个候选人了。每个人都收到了蒙太古博士的邀请函，请他们在一栋乡间别墅待上一整个夏天或者稍短一点的时间，这里尽管老旧，但通水通电，有集中供暖和干净被褥。住进去的目的，信里说得很明确，是要观察并探索山庄八十年历史中种种奇怪的故事。蒙太古博士并没有明说这山庄闹鬼，因为作为一个研究者，他不敢在实际体验到灵异现象之前就下此断言。所以信故意写得有些模糊，吸引读信的人往那方面去猜。寄出一沓信后，蒙太古博士收到了四封回信。另外八九个没有回信的，可能是搬家后没有留下新地址，可能是对灵异现象已经丧失兴趣，也可能压根儿不存在这个人。对这四个回信的人，蒙太古博士又去了信，告知山庄空下来的具体日期，并附上了详细的路线图，因为，他不得不解释说，去往山庄的路不容易打听得到，尤其是从附近的村庄那儿。动身的前一天，蒙太古博士不得已带上了山庄主人的家庭一员，又有一个人发来电报，用明显编造的借口推掉了这个邀请。还有一个人既没有来也没有给信儿，可能是给什么要紧的事儿耽搁了。另外两个倒是来了。

❷

来西林山庄时，艾琳娜·万斯三十二岁。她妈妈已经死了，所以这世上她唯一真正讨厌的人，就是她姐姐了。她讨厌她姐夫，也讨厌她五岁的外甥，她没有朋友。在长达十一年的时间里，她都在照顾生病的母亲，所以比较擅长护理，却很难适应强烈的阳光。她甚至都不记得成年后有过真正快乐的时光；陪伴母亲的岁月充满了小小的内疚、些微的自责、持续的疲惫和无尽的绝望。尽管没有刻意地让自己变得内向和害羞，但长期的独处和自我封闭让她不善言辞，哪怕只是随意交谈，她也会感觉很不自在，找不到话说。蒙太古博士选中她，是因为在她父亲死了不到一个月的时候，那年她十二岁、她姐姐十八岁，雨点一样的石头砸向了她们的房子，从屋顶、墙面滚落，打破窗户，疯狂地敲击着房顶。石头雨断断续续下了三天，每天都有人聚集到门外看热闹，母亲还歇斯底里地坚称那是对她心怀恶意的邻居干的，这些都让姐妹俩心烦。三天后艾琳娜和姐姐住到朋友家，石头雨也停了。此后母女三人又住了回去，邻里之间的不和虽然一直没有解开，但石头雨倒是再也没有下过。

这桩公案早已被人们忘却，只有当蒙太古博士打听时才会有人提起；艾琳娜和姐姐肯定也已经忘了，尽管她们当时都以为是对方的错。

艾琳娜自打有记忆起，就在暗暗期待像西林山庄这样的奇遇。照顾母亲，把这个暴躁的老太婆从椅子上扶到床上，日复一日地摆好碗筷，硬着头皮洗那些脏兮兮的衣服，做这些事时艾琳娜都坚信有一天会有不一样的事发生。她给蒙太古博士回了邮件，接受了他的邀请。她姐夫还非要打几通电话，看看这个什么博士会不会让艾琳娜参加她姐姐认为未婚女性不宜参加的野蛮仪式。也许，艾琳娜的姐姐在枕边悄悄对丈夫说，也许蒙太古博士——如果他真叫这个名字的话——拿这些女人做……就算是做实验吧！你知道的，那种实验。艾琳娜的姐姐开始浮想各种她听过的实验，艾琳娜倒没想到这些，即使想到了，她也不害怕。这么说吧，艾琳娜哪里都愿意去。

"西奥多拉"是她用得最多的名字；她签名时签"西西"，公寓门牌上写的是"西奥多拉"，电话簿上、浅色的文具上、壁炉上的可爱照片，用的都是西奥多拉这个名字。西奥多拉跟艾琳娜太不一样了。良心和责任对西奥多拉来说，是女童子军[1]才要有的品质。她的世界是一片柔和而轻盈的色调。她上了蒙太古博士的名单是因为她——带着一股植物香气微笑着走入实验室的她——蒙上眼睛、堵上耳朵都能轻易地从二十张牌里猜出十八张、十五张，或者十九张。西奥多拉的名字在实验室的记录上非常显眼，自然而然就进入了蒙泰古博士的视野。她被蒙太古博士的第一封信逗坏了，出于好奇回了信（也许就是帮她认出卡牌的神秘力量将她推向了西林山庄），其实压根儿没打算真去。但是，也许又是那个躁动不安的第六感作祟，当蒙太古博士再次来信确认时，西奥多拉鬼使神差地跟合租公寓的室友大吵了一架。双方都撂下了狠话；西奥多拉还把室友给她的雕刻小摆件无情地砸碎了，她室友也狠心地撕碎了西奥多拉送给她当做生日礼物的缪塞文集，又故意把西奥多拉写有感人而俏皮的题词的那一页撕了个粉碎。这当然不可原谅，在她们可以一笑置之之前，要有很长一段时间来冷却和遗忘。西奥多拉当晚就写信给蒙太古博士，接受了他的邀请，并于第二天在冷冷的静默中离开了公寓。

---

① 女童子军（The Girl Scouts of the United States of America）：针对美国女孩的青年组织，通过露营、社区服务、学习急救知识等方式培养女孩诚实、公正、勇敢、自信的品质。（译者注，后文脚注均为译者注。）

路克·桑德森既爱撒谎，也爱偷东西。他的婶婶，也就是现在西林山庄的主人，总是说她这个侄子受过最好的教育，穿着最漂亮的衣裳，最有品味，却总爱跟狐朋狗友混在一起。她不放过任何一个可以让他安全地出去待几周的机会。她鼓动家庭律师去劝蒙太古博士说，没有家庭成员在场的话山庄就不能租给他做研究。正好蒙太古博士也欢迎他的加入，大概是第一眼看到路克时，就在他身上发现了猫一样敏锐的自我保护的本能。不管怎么说，可以去西林山庄度假，路克很高兴，桑德森夫人很感激，蒙太古博士也相当满意。桑德森夫人对家庭律师说，西林山庄里无论如何也不会有路克能偷的东西。那些旧银器倒是值点钱，但是把它们偷出来再拿去倒卖未免太费劲了。桑德森夫人其实是误会路克了。他再怎么说也不会拿自己家里的银器，或者去拿蒙太古博士的手表、西奥多拉的手镯；他的小偷小摸无非就是从婶婶的钱包里拿点小钱，或是在牌桌上使点小诈罢了。婶婶的朋友们喜欢这个帅小伙子，有时送他表啊、烟盒什么的，他转手就倒卖了。路克将来会继承西林山庄，但从没想过要住进去。

3

“我不同意她把车开走。”艾琳娜的姐夫态度非常强硬。

“这车也有我的一半，”艾琳娜说，“我也出了钱的。”

“我就不同意她把车开走，就这样。”她姐夫向妻子求助，“凭什么她可以用一个夏天，害得我们没车用。”

“一直都是嘉莉在开，我都没碰过这车，”艾琳娜说，“再说，你们整个夏天都要待在山上，山上也用不着车。嘉莉，你明知道在山上用不着车。”

“可是万一丽妮生病了或者出什么事了呢？万一我们要开车把她送到医生那儿去呢？”

“这车也有我的一半，”艾琳娜说，“我就要把它开走。”

“万一嘉莉病了呢？万一我们找不着私人医生，得上医院呢？”

“我就要开。我就要把它开走。”

“想得倒美，”嘉莉有意放慢了语速，“我们都不知道你要去哪儿，对吧？你也没告诉我们究竟是怎么回事，对吧？我没法就这么把车借给你。”

“这车也有我的一半。”

“不行，”嘉莉说，“我不借。”

“就是，”艾琳娜的姐夫附和道，“嘉莉说得对，我们还要用呢！”

嘉莉微微一笑，“我要是把车借给你，万一出了什么岔子，我是不会原谅自己的。谁知道这个什么博士可不可靠呢？你太年轻了，这个车很贵的。”

“我给信誉中心的霍默打过电话了，他说他的信誉不错——”

嘉莉微笑着打断了她的话：“是，当然可以说他是个正经人。但是艾琳娜不肯告诉我们她要去哪儿，也没说我们想要回车的时候该上哪儿找她；万一出了点事呢？我们只怕都蒙在鼓里。即使艾琳娜——”她对着茶杯自顾自地说下去，“即使艾琳娜愿意为了某个男人的邀请就跑到天涯海角，也没有理由非让我们把车借给她。”

“那车也有我的一半。”

“万一丽妮病了呢？孤零零的在山上，周围也没个人，没个医生？”

“不管怎么说，艾琳娜，妈妈一定会赞成我的。妈妈相信我，肯定不会让我由着你乱跑，开着我的车到谁也不知道的地方去。”

“那万一是我病了呢？在那个——”

“我相信妈妈会同意我这么做的，艾琳娜。”

“再说，”艾琳娜的姐夫又想起了一茬，“谁知道她能不能把车完好无损地带回来呢？”

凡事总有个第一次，艾琳娜告诉自己。她一大早上就搭了辆出租车，想着姐姐和姐夫可能因为担心车而心神不宁，她就有些激动；司机把放在前排的纸箱拿了出来，她也赶紧抓着手提箱钻了出去。艾琳娜多给了点小费，心想要是姐姐和姐夫跟在后面，此刻肯定拐到一旁咬耳朵说，“看，我就说吧，她就是个贼。”她紧张地朝街道两头望了望，然后跑进巨大的公共车库，他们的车就停在里面。结果她不小心撞到了一位小个子女士，大包小包撒落了一地，一个袋子打翻在人行道上，碎了的芝士蛋糕、番茄片、硬面包都掉了出来。“真烦人真烦人！”小妇人叫道，抬起脸冲着艾琳娜说，“我正要拿回家呢，真烦人真烦人！”

“真对不起。”艾琳娜说。她弯下腰，可是把番茄和奶酪蛋糕的残渣再捡起来塞回到袋子里去好像已经不太可能了。小妇人气呼呼地瞪着她，在艾琳娜够着之前，一把夺过掉落的另一个袋子。艾琳娜站起身，挤出一个歉意的微笑，说道，“我真的很抱歉。”

“真够烦的，”小妇人还是骂骂咧咧的，但态度缓和了一些。“我正要拿回去当午饭呢！现在，都怪你——”

“要不我赔您吧？”艾琳娜掏出钱夹，小妇人站在那儿想了一会儿。

最后她说：“我不能就这样要你的钱。毕竟这些东西不是我买来的，是我捡的剩下的。”她忿忿地咂着嘴，“你该看看那些火腿，可惜都被人拿走了。还有巧克力蛋糕，还有土豆泥沙拉，还有装在锡纸盒里的小糖果。我本来就去晚了，这下……”她和艾琳娜一同望向人行道上的那堆残渣。最后小妇人说：“所以说，我不能拿钱，不能因为一点捡来的东西就跟你要钱。”

“那我可以买点什么补给您吗？我赶时间，但是如果能找到一家开着的——”

小妇人狡黠地一笑。“我好歹还有这些呢，”一边说，一边抱紧了手上的袋子。“你可以出钱让我打车回家，这样就不会再被人撞倒了。”

“没问题，”艾琳娜一口答应，转向一旁饶有兴致地观望了半天的出租车司机，“您可以把这位女士送回家吗？”

“几块钱就够了，”小妇人说，“当然，不包括给这位先生的小费。像我这么身材矮小的人，被撞一次真是太危险了，实在是太危险了。不过，能遇到你这样讲道理的人真是幸运，有的人把你撞倒了根本就不回头看一眼。”艾琳娜扶着她，她拿着袋子爬到出租车内。艾琳娜从钱夹里拿了 2 美元 50 美分给了那个小妇人，她接过来紧紧地攥在手里。

“得嘞，”出租车司机问道，“您要去哪儿呀？”

小妇人咯咯笑道：“车开了我再告诉你。”然后对艾琳娜说：“祝你好运，亲爱的。以后注意点，别又把人撞了。”

“再见，”艾琳娜说，“真的非常抱歉。”

“没关系，”小妇人说。车子开动后她对艾琳娜挥手道：“我会为你祈祷的，亲爱的。”

望着远去的出租车，艾琳娜想，最起码，还有一个人为我祈祷。起码还有一个人。

这是今年夏天第一个阳光灿烂的日子。夏天常常让艾琳娜想到童年，那段似乎永远都是夏天的时光。在父亲去世的那个阴冷的日子以前，她几乎想不起来还有过冬天。最近她开始思索，这些年里，时光飞逝，她都做了些什么？她怎么可以这样浑浑噩噩、虚掷光阴？我真傻，每年夏天来临时她都这样对自己说，我真傻；我已经长大，知道了人生的意义。她开始明白，没有什么是毫无意义的，包括一个人的童年。每年，都会有一个夏日的清晨，暖风拂过她走过的街道，却留给她一个寒冷的念头：又一年就这样流走了。然而今天早晨，当她开着她和姐姐共同拥有的这辆车，一边担心被姐姐姐夫发现，一边规规矩矩地驾驶，该停车的地方停车，该拐弯的地方拐弯。她向洒在街道上的阳光微笑，我要走了，我要走了，我终于迈出了一步。

以前，每次得到姐姐的允许开这辆小小的车时，她总是小心翼翼，生怕有一点污损或划痕，会让姐姐生气。但是今天，后座上是她的硬纸箱，脚边是她的手提箱，副驾驶座上是她的手套、钱夹和薄外套，这辆车完完全全属于她了，是她自己的一个小世界。我真的要走了！

在等上高速前的最后一个红绿灯时，她从钱夹里掏出蒙太古博士的信。地图都不必看了，她想，他一定是个很细心的人。信上说，“上 39 号公路到艾什顿，然后向左拐到 5 号公路上，向西走将近 30 英里后，会抵达一个叫希尔斯代尔的小村。穿过希尔斯代尔，有一个路口，左边是加油站，右边是教堂，在这里向左拐，到一条乡间小路上；你得从这里上山，路况不是很好。沿着这条路一直走到头，大概 6 英里，就到了西林山庄的大门前。我把路线说得详细一点，省得你在希尔斯代尔下来问路。那里的人对陌生人很不友好，并且毫不掩饰对打听西林山庄的人的敌意。”

“我非常高兴你能加入我们，很期待在 7 月 21 日星期四与你相见……”

绿灯亮了，她上了出城的高速。现在没人能抓住我了，他们连我走的哪条路都不知道。

她从来没有一个人开车到这么远的地方。用英里和小时来分割她长长的旅途未免有些愚蠢，她注意到了这一点，于是把车顺着道旁的一排树，笔直地开在车道上，这样就像有一条时光隧道，带着她驶向一个全新的地方。最终的目的地也许飘忽不定，也许模糊不清，甚至可能根本就不存在，但旅途本身却是实实在在的。她决定细细品味旅途中的每一个细节，爱每一条路、每一座房子、每一个小小丑丑的村庄，想象着她也许会脑袋一热，就在哪里住下，再也不离开了。她也许会把车停在高速公路旁——尽管她跟自己说不可以这样，会罚款的——然后信步穿过树林，走到舒适怡人的乡间去。等她走累了，也许会追逐飞舞的蝴蝶，或是沿着一条小溪，在黄昏时来到伐木工人的小屋前，请求留宿。她可以从此就在东巴灵顿，或者是德斯蒙德，亦或是伯克利的村子里安家。她也可以就沿着这条路一直开啊开，直到车胎磨损殆尽，直到世界的尽头。

或者，我也可以就去西林山庄，那儿会有人迎接我，给我一个遮风避雨的地方，给我一点薪水，作为我放弃城里的责任和事业的补偿。真想知道蒙太古博士是什么样的人。真想知道西林山庄是什么样的。真想知道还有谁在那儿。

现在离城镇已经很远了，她留意着上 39 号公路的入口。那是蒙太古博士为她选出的神奇之路，将她带往他和西林山庄。世上那么多条路中，只有这一条能将她从来的地方带到要去的地方，由此可见蒙太古博士的英明。在指向 39 号公路的路牌下面，另一个标牌上写着：据艾什顿还有 121 英里。

道路已经成了她的密友。它时而拐弯，时而下坡，总有惊喜等在下一个路口——有时是一头牛，隔着篱笆注视着她，有时是一条爱答不理的狗——它穿过山谷里的小镇，途经田野和果园。在一个村庄的主干道上她看见一座雕梁画栋的房子，窗子是百叶窗，门口还有石狮。她想或许她可以住在这里，每天早晨为石狮拂去灰尘，晚上再拍拍它们的脑袋道声晚安。七月的这个早晨，时间真正开始运转。她告诉自己，这是全新的时间，新到连时间自己都感到陌生；几秒钟内我就和这所房子还有两个石狮度过了一生。每天早晨我会打扫门廊，擦拭石狮，傍晚再拍拍它们的脑袋作为晚安。我每周用温苏打水给它们洗脸，洗它们的长毛和爪子，用刷子给它们刷牙。屋内，房顶很高，地板干净得发亮，窗户一尘不染。有一位优雅的老妇人照顾我，恭恭敬敬地端来银质的茶具；为我的身体着想，每天晚上给我喝一杯接骨木酒。我独自在狭长肃穆的餐厅用餐，坐在亮得反光的餐桌前，两边是高高的窗户、白色的墙壁上映着烛光。我吃的是自己打的鸟，菜园里种的小萝卜，和自制的李子酱。我在白色蝉翼纱的帷幔下睡觉，走廊里的小夜灯守护着我。走在路上，人人都向我鞠躬，因为他们都以我的狮子为荣。当我死时……

小镇已经远远抛在后面了，现在道旁都是脏兮兮的饭馆招牌和破破烂烂的指示牌。很久以前，这里应该是一个集市，可能还有人飙摩托车；指示牌上还有残缺不全的文字。有一个上面写着“冒失”，还有一个写的是，“鬼”。她笑自己在哪儿都能看出不祥之兆来；这说的是冒失鬼，艾琳娜，冒失鬼司机。她放慢了车速，担心开快了会到得太早。

有一个地方吸引了她的目光，她把车停在路边，满眼惊异。马路边，大概四分之一英里长，是一排受到精心照料的夹竹桃，此时正盛开着粉红和雪白的花朵。夹竹桃守卫着的大门，向门内延伸。所谓大门，不过是两根破败的石柱，里面有一片空旷的围场。她看到夹竹桃在路的两边分别围成了两个大四方形，四方形的另一边，也是一排夹竹桃，可能紧挨着小溪。四方形内什么也没有，没有房屋，没有建筑，只有一条路，笔直地通向小溪。这儿曾经有过什么，她想，是什么曾经存在却又已然消失，亦或是什么应该到来却还没有到来？这儿本来是要建房子、花园或者果园吗？他们彻底离开了还是会有回来的一天？夹竹桃有毒，她突然想到，种在这儿是不是要守卫什么东西？说不定，她幻想着，当我走下车，通过那个破败的大门，来到神奇的夹竹桃方阵中，会进入一片路人无法找到的仙境？只要我迈入这个神奇的门，就算是穿过了屏障，打破了咒语？我会进入一个美丽的花园，那儿有喷泉、矮树，有玫瑰缠绕的凉亭，有一条小径，可能铺满了红宝石和绿翡翠，柔软到可以让国王的女儿步履其上，它会直接把我带到沉睡在咒语下的宫殿。我将踏上低矮的石阶，经过守卫的石狮，来到带喷泉的庭院，走到哭泣着等待公主归来的皇后跟前。她看见我，扔下手中的刺绣，惊呼宫殿里的仆从——终于惊醒他们的长梦——让他们为我准备一席盛宴，因为魔法打破，宫殿又恢复从前。我们从此幸福快乐地生活在一起。

不，当然不会，她这样想着，开始发动汽车。一旦宫殿显现，咒语打破，所有的魔咒都会消失，夹竹桃外的整个村庄都会恢复到原来的样子。城镇、指示牌、牛群都会变成童话中绿意盎然的样子。然后，王子会骑着马走下山坡，周身散发着绿色和银色的光芒，一百个随从护卫左后，彩旗招展，骏马嘶鸣，珠宝闪烁……

她笑了，回头向神奇的夹竹桃道别。改天，她对它们说，改天我会回来打破你们的咒语。

开了 101 英里之后，她停下来吃午饭。她找到了一家自称是老磨坊的乡下小馆，进去以后才发现这是一个坐落在湍急溪流上的露天平台，下面是潮湿的岩石和飞溅的水花；面前摆着一个雕花玻璃碗，里面装着白奶酪，餐巾上放了一根玉米棒。因为此时此地曾被魔咒禁锢，现在才刚刚解除咒语，所以她想多待一会儿，反正西林山庄也会一直等她到晚上。餐厅里除了她以外，还有一桌人，是一对父母带着一双儿女。他们相互间温柔地低语，小女孩还转过头来毫不掩饰地打量着艾琳娜，过了一会儿又冲她微笑。溪水的流光反射到屋顶和桌子上，又映到小女孩卷卷的头发上，小女孩的妈妈说：“她想要她的星星杯。”

艾琳娜惊讶地抬起头，小女孩陷到了椅子里，绷着脸，不肯喝牛奶，她爸爸皱起了眉头，小男孩在一旁咯咯笑，妈妈平静地说：“她想要她的星星杯。”

可不是嘛，艾琳娜想，要是我，我也得要；星星杯呀，当然得要。

“是她的小杯子，”母亲带着歉意的微笑向服务员解释，服务员不能理解磨坊里上好的新鲜牛奶竟不能满足这个小姑娘。“杯子底下有小星星，她在家总是用它喝牛奶。因为喝牛奶的时候可以看见杯底的星星，所以她管它叫星星杯。”服务员点了点头，并没有被说服。母亲又转过来对小女孩说：“晚上到家了你就可以用星星杯喝牛奶了。现在，乖乖的，先用这个杯子喝一点好吗？”

别听她的，艾琳娜告诉那个小女孩，坚持要你的星星杯。一旦他们哄得你什么都跟别人一样，你就再也见不到你的星星杯了；别听她的。小女孩看着她，露出两个酒窝和不易察觉的会心一笑，然后坚定地对面前的杯子摇了摇头。真勇敢，艾琳娜想，勇敢又聪明的女孩。

“你会把她惯坏的，”父亲说，“不应该让她这样。”

“就这一次，”母亲放下那杯牛奶，温柔地拍了拍她的手，说，“吃冰淇淋吧！”

他们走的时候，小女孩挥手向艾琳娜告别，艾琳娜也挥了挥手；小溪在下面欢快地流淌，她独自一人愉快地把咖啡喝完。没多远了，她想，已经走了一大半了。旅途的终点，在她的内心深处，就像跳跃的小溪一般，远远地带来一首小调的只言片语：“岁月蹉跎，青春易过，岁月蹉跎，青春易过。”

她差点永远留在了去艾什顿的路上，因为看见了一个埋在花园里的小村庄。我可以独自一人生活在这儿，她一边想着，一边放慢了车速去看那条蜿蜒的花园小径，它通向一扇小小的蓝色大门，门前台阶上还坐着一只白猫。在这片玫瑰后面，永远不用担心被人发现，以防万一，还可以在路边种些夹竹桃。我会在寒冷的夜晚生起炉火，自己烤点苹果，我会养几只白猫，缝制白色的窗帘，偶尔也会出门到商店买点肉桂、茶叶和针线。人们会到我这里来算命，我会为伤心的恋人调配爱情的药水；我要养一只知更鸟……小村庄已经远远地甩在后面了，该找找蒙太古博士为她细心标出的新路了。

“向左拐到 5 号公路上去，再一直向西。”他的信上写道。这条指示简明及时，就像他在远处的某个地方指挥一样。她已经驶上了西去的公路，旅途就快结束了。尽管他在信里提了个醒，但她想，我还是要在希尔斯代尔稍作停留，喝一杯咖啡。这么长的旅程，我不想就这样草草结束。这不能完全算不听话，因为他在信里说的是不建议停下来问路，没说不能喝咖啡，只要我不提西林山庄应该就没什么问题。不管怎么说，她隐约觉得，这是她最后的机会了。

没等艾琳娜意识到，希尔斯代尔就已经在她面前了。

房子脏兮兮乱糟糟的，街道歪歪扭扭。这是一个小镇，在主干道上就能望见镇尾的加油站和教堂。似乎只有一个地方可以喝咖啡，是一个看上去不怎么讨人喜欢的小饭馆。但既然已经决定在此稍作休息，她就把车停到了饭馆前破破烂烂的路沿上，走了出来。她在车边考虑了一下，对希尔斯代尔点点头，锁上了车，但还是有点放心不下车上的东西。我不会待太久的，她一边想，一边打量着日光下依旧显得又黑又丑的街道。一条狗不安稳地睡在墙角阴凉处，一个妇人站在街对面的房子前看着艾琳娜，两个男孩在篱笆边闲逛，故意一声不吭。艾琳娜既怕陌生的狗，还怕看笑话的妇人，又怕小混混，只得紧紧抓着钱包和车钥匙，快步走进了这家饭馆。饭馆里面，一个缩着下巴的女孩懒懒地倚在吧台后面，一个男人坐在吧台一端吃着。吧台上黑乎乎的，炸面圈旁放着一个脏兮兮的玻璃碗，她猜那人一定是饿极了才会到这里来吃饭。“来杯咖啡。”她对吧台后的女孩说。女孩懒洋洋地转过身，从架子上乱糟糟的杯子里拣了一只。我来这里喝咖啡是因为我就是这么打算的，她说服自己，但下次我还是听蒙太古博士的好了。

那个吃饭的男人好像在和吧台后的女孩调笑；她给艾琳娜端上咖啡时瞟了一眼那个男人，似笑非笑，男人耸了耸肩，女孩笑了出来。艾琳娜抬起头，却只看到女孩在看自己的指甲，男人在消灭盘子里的最后一点面包。也许咖啡里下毒了，那样子确实很像。艾琳娜下定决心要好好探索一下这个村子，于是对女孩说："我也要一个这样的炸面圈。"女孩用余光瞥了一眼男人，然后拨了一个炸面圈到盘子里，放到艾琳娜面前。目光与男人相遇时，她又笑了出来。

"这个小镇挺不错的，"艾琳娜说，"它叫什么名字？"

女孩看了她一眼，恐怕以前还没有人有胆量说这个小镇"不错"；过了一会儿女孩又望向男人，像是要寻求他的认同似的，然后说，"希尔斯代尔。"

"你在这儿住的时间长吗？"艾琳娜问。我不会提西林山庄的，她隔空向蒙太古博士保证，我只是想打发一下时间。

"嗯！"女孩说。

"住在这样的小镇应该很舒服吧？我是从城里来的。"

"哦？"

"你喜欢这里吗？"

"还好吧！"女孩说。她再一次望向男人，他听得很仔细。"没什么事儿可干。"

"这个镇子有多大？"

"很小。再来点咖啡吗？"这话是对那个男人说的，他正拿杯子刮着他的杯托，艾琳娜这才小心翼翼地舔了一口自己的咖啡，疑惑他怎么可能还想喝。

“来这儿附近的人多吗？”她趁女孩斟满咖啡回到原来站的位置时问，“我是说，来旅游的。”

“有什么可旅游的呢？”女孩望向她时，她感到了一种前所未有的空虚。“怎么会有人到这儿来？”她忿忿地朝那个男人看了一眼，又说道，“这儿连场电影都不放。”

“那些山丘多可爱呀！通常，像这样与世隔绝的小镇，城里人都喜欢过来建栋别墅。隐私也有保障。”

女孩短促地笑了一声：“他们可不会上这儿来。”

“或者重修一下那些老房子——”

“隐私。”女孩说着，又笑了。

“有点出乎我的意料。”艾琳娜说话的时候，感觉那个男人一直在看着她。

“是啊，”女孩说，“放场电影也好呀！”

“我想，”艾琳娜很小心地措辞，“我可以在这儿四处转转。老房子一般都很便宜，买入一套也不错。”

“这里没什么可转的。”女孩说。

“难道，”艾琳娜问，“这附近就没有什么老房子吗？山上也没有？”

“没有。”

男人站了起来，从口袋里掏出钱，头一次开口说话：“这个镇子，只有走的，没有来的。”

门在男人身后关上后，女孩又把目光望向艾琳娜，带着一点恨意，好像是她们的谈话把男人赶走了似的。“他说得对，”她终于说道，“有能耐的都走了。”

“你怎么不走呢？”艾琳娜问她。女孩耸了耸肩。

“走了又能好到哪儿去呢？”她面无表情地收了艾琳娜的钱，找了零。然后，她看了一眼吧台那端的空盘子，笑了笑又说，“他每天都来。”艾琳娜也冲她微笑，正要开口和她说话时，她却已经转过身去，又开始倒腾柜子上的杯子了。艾琳娜感觉谈话已经结束，就优雅地站起身来，拿上车钥匙和钱包。“再见，”艾琳娜说。女孩依旧背对着她，说道：“祝你好运，但愿你能找到中意的房子。”

从加油站和教堂中间的路口出来，路况非常不好，地上坑坑洼洼，石子也多。艾琳娜的车一路跌跌撞撞，极不情愿地驶进这讨厌的山丘。两旁的树黑压压的，遮住了日光。这条路上车倒是不多，艾琳娜自我安慰道，同时赶紧转动方向盘躲过前面一块可恶的大石头。走 6 英里这样的路，这车肯定吃不消；这个念头让艾琳娜在这几个小时里头一次想到了姐姐，她笑了。这个时候他们肯定已经知道她开着车跑了，但他们不知道她跑到哪儿去了。他们一定会觉得不可思议，因为从没想过艾琳娜真会这么干。我确实也没想过我会这么干，艾琳娜想着，笑得更厉害了。情况不一样了，我离开了家，成为了一个崭新的人。“岁月蹉跎，青春易过……今朝有酒，今朝可啜……”车撞上了一块石头，向后倒了几步，下面有一点刮蹭，她赶紧握住方向盘，车子恢复了状态，继续勇敢攀登。树枝拍打着挡风玻璃，天越来越黑了。西林山庄阵势倒是不小，她想；我怀疑太阳能不能照到这里。终于，用尽最后一丝力气，汽车突出了一堆枯叶和树枝的重围，来到了西林山庄大门前的一片空地上。

我怎么会在这里？她突然感到有些无助；我怎么会在这里？大门又高又重，阴森森的，两旁的石墙一直延伸到树林里。在车里就能看到挂在大铁门上的门锁和链条。门内，这条路向前延伸，拐弯，渐渐消失在了幽深的树林间。

大门锁得好严实——锁了一道又一道，栏杆上还缠上了链条；她奇怪，防谁呢？谁那么想进去？她没有立刻从车里出来，而是按响了喇叭，震得大门微微颤抖，树枝簌簌作响。等了一会儿她又按了一次喇叭，然后看见一个男人从门内走了出来；他和门上的挂锁一样阴郁而不友善，他透过栏杆盯着她，沉下脸。

“你想干嘛？”他声音很凶。

“我想进去。麻烦把门打开。”

“谁让你进来了？”

“啊？”她结巴了一下，“我本来就应该进去呀！”

“进来干嘛？”

“我是受邀而来的。”不是吗？她突然有点怀疑；我走了这么远，就是为了这个？

“谁邀请的你？”

她当然知道，他就喜欢这种颐指气使的感觉，好像他一开门这手握生杀大权的短暂快感就会消失——可我却毫无优势，我毕竟在外面。她知道发脾气是没有用的，只会让他走开，留她一个人在外面徒劳地哭喊；况且她很少发脾气，因为害怕达不到效果反而很窘。要是他此后会为自己的傲慢而自责，她倒是可以原谅他——他空洞的坏笑、无神的双眼、有气无力的声音好像是说他会让她进去的，他是打算让她进去的，但他怎么知道他该放我进去？他也得服从命令，他也得按要求去做，不是吗？他要是让哪个不该进去的人进去了，岂不就麻烦了？她猜想他会耸耸肩，还极不情愿地在脑海中勾勒出了他笑的样子。

带着一种小人得志的腔调，他盯着她说："你最好晚点儿来。"然后背过身去，准备离开。

"等等，"她从后面叫住他，努力显得不怎么生气，"我是蒙太古博士的客人，是他邀请我到这儿来的——请听我说！"

他转过身来，咧嘴笑了，"他们没指望真有人来，都这个点了，也就你一个人来了。"

"你是说这房子里一个人都没有？"

"据我所知是没有。也许我老婆正在里面忙活。所以他们不可能真的邀请你来，不是吗？"

她靠到椅背里，闭上双眼。好一个西林山庄，想进去竟然比登天还难。

"你应该知道他们叫你来是干什么的吧？他们在城里告诉过你吧？你听说过这里的事吗？"

"我只知道我是被蒙太古博士邀请过来做客的。你把门打开我就能进去。"

"我会开的；我这就去开。我只是想让你知道等待你的是什么。你以前来过这儿吗？是这个家族的人吗？"他现在从栏杆间盯着她，他的那张脸是挂锁和链条以外的第三个障碍。他又说："我不能随随便便就让你进来，不是吗？你说你叫什么来着？”

她松了口气，“艾琳娜·万斯。”

“那应该不是这个家族的人了。你听说过这里的事吗？”

这是个机会，她想；这是最后一个机会。我可以现在就掉头，把车开走，就在这扇大门前，没有人会怪我。每个人都有逃跑的权利。她从车窗里探出头来，愤怒地叫道：“我是艾琳娜·万斯。我是受邀来西林山庄的，赶紧把门打开！”

“好，好。”他故意摆弄着手上的钥匙，假模假样地试了几把，然后才拉开挂锁，放下链条，打开大门，让车通过。艾琳娜慢慢启动汽车，他却猛地跳到路边，艾琳娜觉得他可能猜到了她脑海中的闪念。她笑了，停下车，因为他正朝她走来——这次很明智，是从旁边过来的。

他说：“你不会喜欢这里的，你会后悔让我把门打开。”

“请你让开，我已经被你耽搁得够久了。”

“你以为他们还找得到别人来开这个门吗？你以为除了我和我老婆，还有人愿意在这附近待着吗？你以为我们不想自作主张，把宅子收拾出来，向你们城里人敞开大门？你以为你什么都知道吗？”

“请离开我的车。”她确实被这些话吓到了，但她不敢承认，又怕被他看出来。他紧紧贴在车上的样子很难看，话语里的憎恨也让她吃惊。确实是他给她开的门不错，他不会把里面的宅子和花园都当作自己的吧？她突然想到了蒙太古博士在信里提到的一个名字，好奇地问：“你就是看门人达利吗？”

“是的，我就是看门人达利。”他学着她的样子，“你觉得还会有谁在这儿呢？”

真是个实诚的仆人，骄傲、忠诚，却令人不快。

“你和你老婆要照管整座宅子？”

“不然呢？”达利的语气里带着自豪，也带着咒骂和克制。

艾琳娜在座椅上不安地扭动着，既害怕动作太大引起他的注意，又想假装发动汽车好让他走开。“我想你和你老婆一定会把我们照顾得很好的，”她摆出一副要结束谈话的架势，“不过现在我想赶紧进屋去。”

他窃笑道：“天黑之后，我可不会待在这里。”

达利好像对自己的那句话十分满意，咧嘴一笑，从车旁走开了。艾琳娜松了口气，尽管在他的眼皮子底下点火还是有点尴尬。他只怕时不时就会蹦出一脸坏笑，告诉我没人会愿意天黑之后还在这里陪我。为了显示她并没有被想象中的达利在树林间的那张脸吓到，她开始哼歌，却恼人地发现哼来哼去还是那一个调子。“今朝有酒，今朝可啜……”于是她烦躁地告诉自己必须得想点别的了；她知道剩下的歌词在这里太不合时宜，被人听到这个时候唱这首歌也不太好。

穿过树林，在山丘间，能时不时地看到西林山庄的屋顶，也可能是塔尖。他们把西林山庄建得好奇怪呀，她想；竟然会弄些塔楼、支墩和镶边，甚至还有哥特式的尖顶和怪兽状的滴水嘴；到处都是繁复的装饰。也许西林山庄里有一座塔，或者一间密室，甚至一条通往山里的密道，八成是给走私贩用的——可是深山老林里有什么可走私的呢？说不定我会遇着一个帅极了的走私贩……

她拐过最后一个弯，来到了正对西林山庄的路上，然后，下意识地踩了刹车，坐在车里，打量着。

这个宅子有股邪气。她感到不寒而栗，很自然地想到这个词——邪气，西林山庄邪气缠身；此地断不可久留。

第二章

❶

西林山庄的邪恶并非因单独某个部位，每个奇异的排列、莫名的拐角、奇形怪状的天际线，都让这栋房子充溢着绝望的气息。更为可怕的是，西林山庄似乎是醒着的，空洞洞的窗户像一个个巨大的眼珠一样注视着来人，眉眼似的檐口透出一丝坏笑。几乎所有房子，猛地看上去或者从某个奇特的角度看，都会有点滑稽；淘气的烟囱，酒窝一样的顶窗，都会跟观者产生共鸣；可是一栋傲慢无礼、永远戒备森严的房子，却只能是邪恶的。西林山庄像是自己建成的，每一条线、每一个转角都听从它自己的指挥，它昂首天际，拒不服从人类的权威。这是一栋不友好的房子，不适宜居住，更不宜爱和希望栖息。驱邪的法术改变不了它的面孔；西林山庄只能一直邪恶下去，直到毁灭。

我在门口的时候就应该走掉，艾琳娜的胃里一阵翻腾。她打量着屋顶的边缘，徒劳地寻找这股邪气的由来。她的手因紧张而变得冰凉，四下摸索着想掏出一根烟来，现在她感到无以复加的恐惧，她听到一个可怕的声音在体内低语：离开这儿，离开。可这就是我大老远过来的目的啊！我不能回去。再说，我要是这就从那扇大门回去，达利会笑话我的。

她努力不看这所宅子，她甚至都说不清它的颜色、样式、格局，只知道它是如此巨大而幽深，现在正俯视着她。她再次发动汽车，径直开到了台阶边上，在这儿游廊和正门一览无遗。车道拐向两边，绕着房子，或许一会儿她可以开车过去找找有没有可以停车的地方。现在她有点后悔来的时候没留条后路了。她把车移开，给后来的人留出位置——她想，后来的人第一眼看到这所房子时旁边就有这么一辆让人舒心的汽车，真是有点遗憾——她拿起箱子和外套，从车里出来。那么，我来了。

她下了很大的决心才抬起脚，踏上第一级台阶。她想，之所以第一次就如此不情愿进入西林山庄，就是因为她明显感觉到它在等她，邪恶而耐心地等待着她。眷侣相会，旅途方终，站在西林山庄的台阶上，她又想到了这首歌，不禁笑了，眷侣相会，旅途方终，她坚定地踏上游廊，来到了门口。西林山庄一下子包裹住她；她陷入了深深的黑暗之中，踏在游廊木地板上的脚步声在一片寂静中显得格外刺耳，似乎西林山庄已经有很长一段时间没有听过脚步声了。她抬起手，敲了敲娃娃脸形的门环；她故意弄出很大的声响，这样可以明白无误地告诉西林山庄她来了，结果门冷不防地开了，出现了一个女人，无疑是那个看门人的老婆。

“达利夫人？”她吸了口气，“我是艾琳娜·万斯。我是受邀而来的。”

女人没说话，让到了一边。她的围裙很干净，头发也很干净，却莫名地给人一种很脏的感觉，和她丈夫如出一辙。她阴沉的面孔和那男人烦躁的神态也正相配。或许不是这样，艾琳娜告诉自己；有这样的感觉一半是因为这里实在太暗了，一半是我事先就把达利的老婆设想得很丑。要是没有看到西林山庄，我还会对他们有这样先入为主的观念吗？他们毕竟只是管家而已。

走进大厅，艾琳娜看到四周全是深色的木头和厚重的雕刻，一端笨重的楼梯，压得整个大厅阴沉沉的。楼上还有一条走廊，一个很大的过渡平台，走廊延伸到房屋深处，两边房门紧闭。现在她所站立的地方，两边是巨大的双扇门，上面雕刻着水果、谷物和一些动物；目光所及，所有门都是关着的。

她想说话时，声音好像淹没在了阴沉的寂静中，她只能努力发出一点声音。“您能带我到房间去吗？”她终于说了出来，指了指地上的箱子。她看见自己的手在光亮的地板上映出倒影，上上下下地摇曳着。“我想我应该是第一个到的。您——您说过您是达利夫人吧？”说这话时艾琳娜觉得自己要哭了，是像孩子那样的抽噎和号啕，我不喜欢这里……

达利夫人转身上楼，艾琳娜拿着箱子紧紧跟在后面，跟着这屋里除她以外唯一的一个生物。不，她想，我不喜欢这里。达利夫人到楼梯口右转，艾琳娜惊讶地发现这所房子的建造者完全放弃了对风格的追求——也许他们已经意识到将来这房子会变成什么样，尽管他们也不一定情愿——竟然在二楼建了一条又长又直的走廊，好装下这些卧室的房门。她感觉建造者在修建二楼和三楼时非常匆忙，每个房间只做了最简单的装修，都没来得及好好雕饰，就急不可耐地离开了。走廊尽头左手边是第二个楼梯，可能是从三楼的仆人房通向二楼的仆人房的；楼梯对面还挤了一个房间进去，可能是因为在最边上，不能白白浪费充足的采光。除了一系列暗色的木工和沿着走廊两边毫不讨巧的拙劣雕刻，整条走廊就是一溜直线下去，每个房门都紧闭着。

达利夫人穿过走廊，打开了一扇门，很可能是随便开的一扇。“这是蓝房间。”她说。

从楼梯的走向上艾琳娜判断这间房应该是在整栋房子的正面；老天保佑，老天保佑，她一边想着，一边优雅地向透出光亮的房间走去。“真好！”她站在门口说，其实这话只是为了应景。这个房间一点也不好，只是勉强可以接受罢了；它和西林山庄一样，有一种不协调感。

达利夫人站到一旁让艾琳娜进来，然后说话了，但明显是对着墙说的，“我六点整的时候把晚餐放到餐厅的餐具柜上，你们可以自取。我早上收拾。早餐九点做好。我的工作就是这样。我不会按你们的想法收拾房间，你们也别给我帮倒忙。我完全按时间表来，不会等你们的。我的工作不是等人。”

艾琳娜点点头，局促地站在门口。

“做好晚餐后我不会继续待在这里，”达利夫人继续说道，“天黑之前我会离开。”

“我知道。”艾琳娜说。

“我们住在 6 英里以外的镇子上。”

“嗯，”艾琳娜应着，此时想起了希尔斯代尔。

“也就是说你需要帮助的时候周围不会有人。”

“我明白。”

“夜里，我们压根听不到你的叫喊。”

“我没指望——”

“没人听得见。没人住得比镇子更近了。没人愿意往这边多走一步。”

“我知道。”艾琳娜有些烦了。

“夜里黑漆漆的。”达利夫人毫不掩饰地笑了，然后关上门出去了。

“哦，达利夫人，夜里我需要你的帮助。”想想自己这样喊叫的模样，艾琳娜笑了，继而打了个寒战。

2

艾琳娜独自站在手提箱旁，外套还拿在手上，痛苦万分。她无助地告诉自己，眷侣相会，旅途方终，她希望可以回家。在她身后，是漆黑的楼梯、光亮的走廊、宏伟的大门、幸灾乐祸的达利夫妇、门上的挂锁、希尔斯代尔、开满鲜花的小村、酒馆里的人家、夹竹桃花园、门前有石狮的房子，它们将她带到了这里，在蒙太古博士准确无误的指挥下，把她带到了西林山庄的这个蓝房间里。这简直糟糕透了，她想。她不想动，害怕一点动静就意味着接受，意味着她愿意搬进去。这里糟糕透了，我不想待在这儿；可是没有地方可去，蒙太古博士的信只将她带到了这里。一分钟后她叹了口气，摇摇头，走进去把箱子搁在了床上。

现在我在西林山庄的蓝房间里，她稍微抬高音量说道，这无疑就是个蓝房间，千真万确。窗前是黯淡的蓝色窗帘，隔着游廊的顶棚俯瞰着窗外的草地，地上铺着带图案的蓝色地毯，床上是蓝色的床罩和被子。承重墙是深色的木质结构，上面贴着蓝色的墙纸，墙纸上画着蓝色的小花，环绕簇拥，图案精致。也许有人曾经想用精美的墙纸调和一下房间的整体气氛，却不知道这种努力在西林山庄会立即化为乌有，只留下一点点存在过的痕迹，就像远方传来的若有若无的抽噎……艾琳娜打了个哆嗦，转过身再次审视房间的全貌。它在设计上犯了一个难以置信的错误，使得房间在各个角度都发生了扭曲，每一面墙好像都在人体可以承受的限度上长了一点，另一个方向又好像短了一截；他们就让我睡在这种地方，艾琳娜感到不可思议；这些墙角里，藏着怎样的噩梦？多深的恐惧会从我的嘴里喊出？

她又打了个哆嗦。天哪！天哪！艾琳娜在心里狂叫着。

艾琳娜打开高床上的手提箱，脱掉了硌脚的鞋，开始卸下行装。在内心深处，她十分小女人地以为平复焦躁心情的最好方式就是换上舒适的鞋。昨天在城里收拾行李的时候，她挑的都是些适合在穷乡僻壤穿的衣裳；还专门在最后一刻跑出去，买了两条肥大裤子，她都多少年没穿过这种裤子了，自己都想不到这一次怎么这么大胆。妈妈一定会很生气，她打包的时候想。她把这两条裤子放在箱子最底下，这样她要是改主意了，可以压根不把它们拿出来，也不会有人发现。现在，在西林山庄，两条裤子看上去已经不那么新了；她漫不经心地收拾着，把裙子随手搭到衣架上，肥大裤子甩进了高大的大理石顶梳妆台最下面的抽屉里，城里穿来的鞋扔在了大衣柜的角落。她已经看厌了买来的书；我可能也不会真住下来，她想，合上了空手提箱放到了衣柜里；我用不了五分钟时间就能把它们重新装好。她发现自己在放手提箱的时候努力不弄出一点声音，然后又意识到刚刚卸行李的时候也是穿着袜子在地上轻轻地走，好像在西林山庄一定要保持安静似的；她想起达利夫人走路时也没有声音。她站在房里不动时，寂静就从四周向她压来。我就像是一只小动物，被野兽整个吞了进去，它还能感觉到我在它体内的每一个细小的动静。“不！”

她大声说道，又听到传来的回声。她快步走到窗边，拉开蓝色条纹窗帘，阳光被厚厚的玻璃一挡，也只剩下惨淡的一点，窗外除了游廊顶棚和一小片草地，什么也没有。下面的某个地方停着她的车，可以把她带走。眷侣相会，旅途方终，是我自己选择要来的。然后她意识到她害怕再回到空荡荡的房屋中间去了。

她背靠窗户站着，目光从房门移到衣柜，再到梳妆台和床，她告诉自己她一点也不害怕。这时，她听到下面关车门的声音和急切的脚步声,那声音几乎是跳着上了台阶，穿过游廊，然后传来了大铁门环的敲门声。太好了，有人来了，我不用一个人待在这儿了。她高兴得不行，赶紧跑出房间，来到走廊上，向下望去。

“谢天谢地你来了，”她冲着下面昏暗的人影说，“总算来了一个人。”她发现她说话时好像达利夫人听不到似的，尽管她就站在那里，笔直、僵硬、面无血色。“上来吧！”艾琳娜说，“你得自己拿箱子。”她激动地一直说个不停，惯有的羞涩被如释重负的感觉冲散了。“我是艾琳娜·万斯，很高兴在这里见到你。”

“我是西奥多拉。没有姓，就叫西奥多拉。这倒霉房子——”

“上面也一样糟。上来吧！让她给你一个和我挨着的房间。”

西奥多拉跟着达利夫人走上了厚重的台阶，一边走一边满脸惊异地看着过渡平台上脏兮兮的玻璃窗、壁龛上的大理石翁和带图案的地毯。她的箱子比艾琳娜的大好多，也高很多。艾琳娜上前帮忙的时候，庆幸自己已经把东西收到看不见的地方去了。

“一会儿看看你的房间怎么样，”艾琳娜说，“我看我这儿原来像是个停尸房。”

西奥多拉说：“这就是我一直想要的家，一个小小的藏身之所，我可以在里面想我自己的事。尤其当我想的是谋杀呀自杀呀之类的事——”

“绿房间。”达利夫人冷冷地说。艾琳娜突然意识到，她们这样不当回事地议论山庄可能让达利夫人有些生气；或许她觉得它听得到，想到这一点，艾琳娜不禁觉得有些恐怖。她一定是打了个寒战，因为西奥多拉回头冲她笑了一下，轻轻地拍了拍她的肩。她真迷人，一点也不像这种死气沉沉的地方的人，艾琳娜想着，也冲她一笑。不过，可能我也不属于这里；我不是那种适合西林山庄的人，我也想不出谁适合。看着西奥多拉站在绿房间门口时脸上的表情，她笑了。

“我的天哪，”她斜着眼看着艾琳娜，“多么迷人哪，简直就是个闺房。”

“我六点把晚餐放在餐厅的餐具柜上，”达利夫人说，“你们可以自己取用。第二天早上我收拾。早餐九点做好。我的工作就是这样。”

“你被吓着了。”西奥多拉看着艾琳娜说。

“我不会按你们的想法收拾房间，你们也别给我帮倒忙。我完全按时间表来，不会等你们的。我的工作不是等人。”

“我只是以为我得一个人待着。”艾琳娜说。

“我不会待到六点以后，天一摸黑我就要走。”

“现在我来了，不用害怕啦！”西奥多拉说。

“我们的浴室是连着的，”艾琳娜突然冒出一句，“我们的房间几乎一样。”

黯淡的绿窗帘挂在西奥多拉的窗边，墙纸是绿色的环状花饰，床罩和被子也是绿色的，大理石顶的梳妆台和大衣柜也是绿色的。“我这辈子都没见过这么糟糕的地方。”艾琳娜抬高了音量说道。

“跟上好的宾馆差不多，或者哪个乖乖女的营地。”西奥多拉说。

“天黑之前我会离开。”达利夫人继续唠叨着。

“没人会听见你在夜里尖叫。”艾琳娜告诉西奥多拉。

她紧紧抓着门把手，发现西奥多拉正用诧异的目光看着自己时，她又赶紧松了手，稳步走到房内。“我们得想法子把窗户打开。”她说。

“所以你们需要帮助的时候周围不会有人，我们听不见你们的叫喊，即使是在寂静的夜里。没人听得到。”达利夫人还在絮叨。

“好些了吗？”西奥多拉问，艾琳娜点点头。

“没人住得比镇子更近了。不会有人再往这边来的。”

“你八成是饿了，我也饿了，”西奥多拉说着，把箱子放到床上，掏出鞋子。“没有什么比饿肚子更让我不爽的了，我会饿得嗷嗷大叫，甚至掉眼泪。”她从箱子里拿出了一条熨帖平展的长裤。

“夜里，一片漆黑！”达利夫人坏笑着，言毕关上了身后的门。

过了一会儿，艾琳娜才说:“她走起路来也没有声音。”

“有趣的老家伙，”西奥多拉转过身，打量着她的房间。“我收回刚刚的话，这算不上最好的宾馆，倒是有点像我上过的一个寄宿学校。”

“过来瞧瞧我这儿，”艾琳娜打开浴室的门，把她带到自己的蓝房间。“我把东西都拿出来了，你来的时候我正寻思着把它们都装回去呢！”

“可怜的孩子。你一定是饿了。我在外面第一眼看到这个地方的时候就想，要是能亲眼看着它烧毁该多有趣。或许等我们走的时候……”

“一个人在这儿待着实在是太可怕了。”

“你有空了应该去看看我上的那所寄宿学校。”西奥多拉回到了她的房间。现在这两个房间都有了动静和说话声，艾琳娜的心情好多了。她掸了掸挂在衣柜里的衣服，又把书在床头柜上摆好。“你知道吗？”西奥多拉在另一个房间喊道，“这有点像第一天上学，一切都那么难看和陌生，你谁也不认识，还担心有人会嘲笑你的衣服。”

艾琳娜正从梳妆台的抽屉里掏出那条肥大裤子，听到这话，不由大笑起来，把裤子扔到了床上。

西奥多拉接着说道：“达利夫人的意思是说，我们晚上就算大声呼救她也不会来吗？”

“这不是她的工作。你在大门口见到那个可爱的老仆人了吗？”

“我们进行了愉快的交谈。他说我不能进，我说我可以，我想用车把他撂倒，他跳开了。你说，我们难道就坐在这里傻等着吗？我想换身舒服的衣服——晚餐不应该穿的正式点儿嘛？”

“你换我就换。”

“你换我就换。我们俩在一块就不用怕他们了。不如，我们出去探险吧！我太想离开这个鬼地方了。”

“天黑得太早了，周围都是山，还有那么多树……”艾琳娜走到窗边，外面的阳光依然斜照在草坪上。

“一个小时之内不会黑的。我想到外面去，想在草坪上打滚。”

艾琳娜挑了一件红色的毛衣，她觉得这所房子和她的红毛衣及搭配的红拖鞋是如此的格格不入，虽然昨天在城里看着还挺协调的。想穿它们总是好的，我以前从来没有这种欲望。看上去倒还不错，艾琳娜站在穿衣镜前，感觉也并不很别扭。“你知道还有谁要来吗？”艾琳娜向隔壁喊道，“都什么时候来？”

“还有蒙太古博士，”西奥多拉说，“我以为他会比我们来的早些呢！”

“你跟这个蒙太古博士熟吗？”

“从没见过，”西奥多拉说，“你呢？”

“也没有。你好了吗？”

“差不多了，”西奥多拉穿过浴室来到艾琳娜的房间。她真可爱，真希望我也能这么可爱。西奥多拉穿了一件亮黄色的衬衫，艾琳娜打趣她说，“你穿的比窗户都亮。”

西奥多拉走到艾琳娜的镜子跟前审视着自己，“我觉得我们有义务在这个阴沉沉的地方穿得鲜艳一点。你的红毛衣就很好；这样我们即使隔得很远也能看见对方。”她盯着镜子里的自己，问道：“蒙太古博士是写信给你的吧？”

“是啊，”艾琳娜觉得有点窘，“一开始我不知道这是不是个恶作剧，不过后来我姐夫帮我调查了一下。”

“你知道吗？”西奥多拉放慢了语速，“直到最后一刻——当我看到大铁门的时候——我才相信真有这么一个山庄。谁指望真有这种事儿呢！”

“总是会有人抱着希望嘛！”

西奥多拉笑着在镜子前转了个圈，然后拉起艾琳娜的手说：“森林里的小伙伴，我们一起探险吧！”

“我们不能走得太远——”

“我保证你说到哪儿就到哪儿。你说我们要不要跟达利夫人说一声？”

“我们的一举一动她只怕都看着呢！说不定这也是她的工作之一。”

“她的工作是谁给定的？德古拉伯爵[①]吗？”

---

① 德古拉伯爵（Count Dracula）：文学、影视作品中经典的吸血鬼形象，原型来自中世纪时外号为采佩什的瓦拉几亚大公弗拉德三世。吸血鬼常常化为蝙蝠，所以下文西奥多拉说在楼下看见蝙蝠了。

“你觉得他住在西林山庄里吗？”

“我觉得他每个周末都在这儿；我发誓我在楼下的木头上看到蝙蝠了。跟上，跟上。”

她们跑下楼，鲜艳的色调和生命的活力跳跃在沉郁的木工和楼梯的阴翳中，脚步声咚咚作响。达利夫人站在下面看着她们，一言不发。

“我们出去探险，达利夫人，”西奥多拉轻快地说，“就在外面的什么地方。”

“很快就回来。”艾琳娜加上一句。

“我六点把晚餐放到餐具柜上。”达利夫人说。

艾琳娜使劲拉开门，它果然很重。我们等会儿可得想个轻松点的法子进来。“让它开着好了，”她对身后的西奥多拉说，“这门太重了，拿个大花瓶抵在这儿吧，免得它关上。”

西奥多拉从角落里挪过来一个大石花瓶，她们把它抵在门前。在阴暗的房子里待了那么久，外面西斜的日光显得很明亮，空气也清甜可人。她们身后，达利夫人把花瓶挪了回去，门又砰地关上了。

“淘气的老家伙。”西奥多拉冲着关上的门说。有一瞬间她的脸因愤怒而扭曲。但愿她以后不会这样看我。自己在陌生人面前从来都是很害羞的，没想到现在不到半个小时她就把西奥多拉当成了很要好很重要的朋友，还会因为她的气愤而害怕。想到这些，艾琳娜忽然觉得浑身不自在。“我想，”艾琳娜迟疑地说，看到西奥多拉转过来冲她微笑，松了一口气，“我想白天趁达利夫人在这里的时候，我可以在远一点的地方找点事做，打扫网球场呀，照顾温室里的葡萄什么的。”

“或者帮达利看门。”

“或者在荨麻地里找找孤坟。”

她们站在游廊的扶手旁，从这里可以看到隐入林间的车道、远山起伏的线条，还有一条遥远的灰线，大概是把她们从城里带来的那条高速公路。要不是有一条从林间某处牵往山庄的电线，西林山庄就真算是与世隔绝了。艾琳娜转身沿着游廊踱步，它显然环绕了宅子一周。“哦，快看。”她转过一个拐角后说。

屋后的山丘层峦叠嶂，郁郁葱葱，悄无人声。

“难怪管它叫西林山庄。”艾琳娜不自信地说。

“整栋房子都是维多利亚式的，”西奥多拉说，“他们沉湎于这种奢华，把自己埋在层层叠叠的丝绒、流苏和紫色长毛绒中。换个时代人们一定会把房子建在山顶，而不是蜷缩在这里。”

“它要是在山顶人们就都能看见了。我倒愿意让它藏在现在这个地方。”

“我只怕一直得提心吊胆的，担心山掉下来砸到我们。”西奥多拉说。

“它不会砸着你的。它只会静悄悄地滑下来，在你跑开之前把你卷进去。”

“谢谢你，”西奥多拉小声说道，“你成功学会了达利夫人吓唬人的本事。我这就收拾东西回家。”

艾琳娜信以为真，转过头盯着西奥多拉，才发现她脸上只是一副调皮的表情。她比我勇敢多了。西奥多拉猜到了她的心思——此后艾琳娜会非常熟悉西奥多拉的这种能力，并以此来塑造西奥多拉在她心目中的形象——回应她道：“别总是那么胆小，”同时伸出一只手指碰了碰艾琳娜的脸颊，“人的勇气是无限的。”然后，她轻快地跳下台阶，跑到树林间的草地上。“快点儿，”她叫道，“我想找找附近有没有小溪。”

“我们不能走太远。”艾琳娜说着，跟上了她。她们像孩子一样跑过草地。在西林山庄待过一阵之后，她们迫不及待地迎来这片开阔的空地；在坚硬的地板上站过，她们的脚丫子都庆幸现在可以亲吻柔软的草地。几乎是出于本能，她们循着水声和雾气继续往前走。“这儿有条小路。”西奥多拉叫道。

小路曲曲折折，逗引着她们向水边走去，有时在树林间兜个圈子，有时让她们瞥见山下的车道，有时将她们带到山庄视线以外多石的草坪上，不过一直都是下山的方向。当她们远离山庄和树林，来到一片阳光照耀的地方时，艾琳娜觉得好些了，尽管她看到太阳已经向山后滑去。她呼叫西奥多拉，西奥多拉却只是喊着“跟上，跟上”，然后就向下跑开了。突然，西奥多拉停住脚步，上气不接下气，小溪霍然出现在眼前，她差点跨了进去；艾琳娜从后面不紧不慢地跟来，抓住她的手，把她拉了回来，于是两人一起跌坐在向下倾斜的岸边，大笑了起来。

“这地方总喜欢吓你一跳。”西奥多拉喘着气说。

“掉下去了也是活该，”艾琳娜说，“谁叫你跑那么快。”

“真漂亮啊，不是吗？”溪水欢快地流淌，波纹点点；两岸青草长至水边，黄色、蓝色的小花垂至水中；这里有几处温柔圆润的山丘，远处还有绵延的草坪，更远处，群山追逐着夕阳的余晖。“真美啊！”西奥多拉再次感叹道。

“我想我来过这儿，”艾琳娜说，“可能是在一本童话书里。”

“可不嘛！你会打水漂吗？”

“就是在这儿公主遇见了一条金鱼，它其实是施了魔法的王子——”

“他应该吸不了多少水，你的那个金鱼王子；这小溪也不到三英寸深。”

“这儿有石头可以踩着过去，还有小鱼在水里游，小的很——是米诺鱼吗？”

“全都是被施了魔法的王子，”西奥多拉在阳光下伸伸懒腰，打了个哈欠，“是蝌蚪吧！”

“应该是米诺鱼，这个季节哪还有蝌蚪啊，傻瓜。但是我打赌我们能找着蛙卵。我以前会把米诺鱼抓到手里，然后再放走。”

“你都可以当个农妇了。”

“在这里野餐再好不过了,坐在小溪边,吃着煮鸡蛋。”

西奥多拉笑了：“还有鸡蛋沙拉和巧克力蛋糕。”

“用保温杯装着柠檬汁，再撒点盐。”

西奥多拉在草地上肆意地打了个滚。“他们老说有蚂蚁，其实根本没有什么蚂蚁，奶牛倒是可能有，我从来没在野餐时见过蚂蚁。”

“路上难道就有老虎吗？人们不也常说‘拦路虎’‘拦路虎’嘛！”

西奥多拉睁开一只眼睛：“你有没有一个很搞笑的舅舅,他说什么大家都觉得有趣？他还跟你讲过别怕大公牛：它要是追你，你就抓住它的鼻环把它扔到脑袋后面去？”

艾琳娜往溪水里扔了一个石子，看着它沉至水底。“你的舅舅是不是多得数不清？”

“上千个吧！你呢？”

艾琳娜过了一会儿说道：“是啊，大舅舅，小舅舅，胖舅舅，瘦舅舅——”

“你有没有一个叫艾德娜的姨妈？”

“有一个叫穆丽尔的。”

“有点瘦？带着无框眼镜？”

“还有一个石榴色的胸针。”艾琳娜说。

“她是不是爱穿深红色的裙子参加家庭聚会？”

“还带着蕾丝边——”

“那我们可能还真有点亲戚关系，”西奥多拉说，“你以前戴过牙箍吗？”

“没有。但是我有雀斑。”

“我曾在一个私立学校学屈膝礼。”

“我一到冬天就感冒，我妈妈就让我穿羊毛袜。”

“我毕业典礼的时候摔了一跤。”

“我表演轻歌剧的时候忘词了。”

“我写过诗。”

“这就对了，”西奥多拉说，“我们肯定是表姐妹。”然后笑着坐了起来。

艾琳娜说：“小点声，那儿好像有什么东西在动。”两个人都呆住了，紧紧靠在一起，只见风移影动，日光渐暗，好像真的有什么东西穿过山丘，越过小溪而去。“那是什么？”艾琳娜深吸一口气问道，西奥多拉也赶忙搂住了她。

“它走了，是只兔子。”西奥多拉不容置疑地说。阳光又洒了下来，四周暖和起来。

“我看不见它。”艾琳娜说。

“你说话的时候我看见了，”西奥多拉十分确信，“就是只兔子，翻过山，跑没影儿了。”

“我们出来的太久了，”艾琳娜焦急地望了望已经垂至山尖的太阳。她赶紧起身，这才发现两条腿已经在潮湿的草地上跪麻了。

“想想吧，两个像我们这样爱野餐的女孩，竟然被一只兔子吓到。”西奥多拉说。

艾琳娜俯下身去用手撑着自己站起来。“我们真得赶紧回去了，”她也不明白自己为什么这么着急，于是补充道，“其他人可能已经到了。”

“一定要找机会过来野餐一次，”西奥多拉一边说着，一边跟着艾琳娜沿着来时的小道上山，“我们一定得在溪边办个老式的野餐会。”

“可以让达利夫人煮点鸡蛋，”艾琳娜停下脚步，背对着西奥多拉说，“西奥多拉，我觉得我做不到，我真的觉得我做不到。”

“艾琳娜，”西奥多拉上前搂着她的肩说，“我们是表姐妹，还怎么能分开呢？”

第三章

太阳滑下了山坡，迫不及待地沉入了大地的怀抱。当艾琳娜和西奥多拉沿着小路向游廊进发时，草坪已经被黑影笼罩，西林山庄在愈来愈浓的黑暗中藏起了它怪诞的面容。

“有人在那儿等着呢！”艾琳娜说着，加快了脚步。那是路克，艾琳娜她们与他第一次碰面。眷侣相会，旅途方终。“你是在找我们吗？”艾琳娜弱弱地问道。

路克走到游廊栏杆边，在暮色中注视着她们，然后深深地鞠了一躬，表示欢迎。“贵客驾到，有失远迎，罪过罪过。”

他真是有点呆，艾琳娜想。西奥多拉开口道：“抱歉没在这儿等你，我们探险去了。”

“一个满脸褶皱的老巫婆接待了我们。她说，‘您好，希望我明天早上来的时候您还活着，晚餐在餐具柜上。’说完之后，主犯和帮凶就坐着一台老式敞篷车离开了。”

“那是达利夫人，”西奥多拉说，“主犯肯定是看门的达利；另外一个肯定是德古拉伯爵。不是一家人，不进一家门。”

“既然主要人物都出场了，”路克说，“那我也自我介绍一下，我是路克·桑德森。”

艾琳娜惊讶地说：“你就是那个桑德森家族的吗？你是西林山庄的主人，不是蒙太古博士的客人？”

“我是这个家族的，有一天这座豪宅也会归我；但是现在，我也算是蒙太古博士的客人。”

西奥多拉咯咯笑了，“我们是艾琳娜和西奥多拉。我们本来准备在山下的溪边野餐的，结果被一只兔子给吓了回来。”

“我可是相当害怕兔子的，”路克礼貌地附和道，“我可以加入你们吗？我来拿野餐篮。”

“你可以把你的尤克里里[①]带来，在我们吃鸡块沙拉的时候弹给我们听。蒙太古博士来了吗？”

“他在里面喜滋滋地看着他的鬼宅呢！”路克说。

她们没说话，只想挤紧一点儿。过了一会儿西奥多拉怯怯地说：“天都快黑了，这么说一点也不好笑。”

“女士们，欢迎欢迎。”大门敞开了，“快请进来，我是蒙太古博士。”

四个人第一次一同站在西林山庄宽敞阴暗的大厅里。山庄稳坐在他们四周，山峦在他们头顶竖耳而眠，声音和动作惊动了四周的空气，发出不易察觉的低语。他们站着的一小块地方，就是理智的中心，四个人交换着信任的目光。

“很高兴大家都安全准时地到达了，”蒙太古博士说，“欢迎你们，欢迎你们来到西林山庄——这话大概应该由你来说，孩子？不管怎么说，欢迎，欢迎，路克，伙计，

---

① 尤克里里（Ukulele）：一种简单易学的夏威夷拨弦乐器。

拿点马提尼酒来好吗？”

3

蒙太古博士举起酒杯，充满期待地抿了一口，然后长舒了一口气。“相当不错，相当棒，伙计。为了我们在西林山庄的成功，干杯！”

“要怎么样才算是成功呢？”路克好奇地问。

蒙博士笑了，“这么说吧！我希望每个人都能在这里有一段颇受刺激的经历，我的书能够让同行大跌眼镜。这段时间尽管很像假期，但我还是希望你们工作——工作这个说法可能太笼统，具体说来就是做记录，”说完这话，他松了一口气，“做记录——这个任务应该不重吧？”

“只要没人把酒说成鬼，把鬼说成酒。”西奥多拉说着，把酒杯递给路克，斟满。

“酒？”蒙博士望着她，“鬼？哦，是。那是当然，没有人会……”他迟疑了一下，皱了皱眉。“当然不会。”他一边说，一边不安地连喝了几口酒。

艾琳娜说：“一切都好奇怪，我是说，今天早上我还在想西林山庄会是什么样，现在我们就在这里了，我简直不敢相信。”

他们坐在蒙博士选的小房间里。他带他们过来的时候，穿过了一条狭长的走廊，一开始还有点晕乎，后来终于找对了路。这个房间一点也不舒适。它的房顶太高，狭小的贴瓷壁炉让人看着不寒而栗，尽管路克一进屋就给它生了火；坐的椅子也有些不稳，灯光穿过彩珠穿成的灯罩，在角落里留下了阴影。整个房间像是被紫色包围了；脚下的地毯图案错综复杂，反射着昏暗的光，墙上贴着金色的墙纸，壁炉台上一尊大理石做的丘比特像朝他们傻乎乎地笑着。他们不说话的时候，静谧就从四周向他们压来。

艾琳娜怀疑她是真的在这儿，还是在一个遥不可及的安全小窝里臆想着这一切。她细细打量着这个房间，告诉自己一切都是真的，从壁炉上贴的瓷砖到大理石丘比特像，所有的东西都是真实存在的；周围这些人即将成为她的朋友。蒙博士矮矮胖胖的，面颊红润，留着胡子，看上去似乎更适合待在烧着炉火的会客室里，让一只猫趴在腿上，还有一个娇小可人的妻子给他做果酱烤饼。可现在他就是那个把艾琳娜带到这里的蒙太古博士，知识丰富却又相当固执。隔着炉火坐在蒙博士对面的是西奥多拉，她一屁股就坐在了算得上这里最舒服的一把椅子里，不知怎么拧着身子，把腿搭在了扶手上，脑袋陷在椅背里；她像一只猫，艾琳娜想，一只等待晚餐的猫。路克一刻也不安分，在灯影中忙前忙后，一会儿为大家斟酒，一会儿拨拨炉火，一会儿玩玩那个大理石丘比特像；他在火光的映衬下显得阳光灿烂、非常快活。他们都盯着火苗，一言不发，走了这么远，都有些累了。我是这屋里的第四个人；我是他们中的一员；我属于这里。

“既然大家都在，”路克突然开口道，好像谈话从未中断似的，“不应该互相认识一下吗？我们现在只知道名字而已。我知道穿着红毛衣的这位是艾琳娜，那么另外一位自然就是西奥多拉了，穿着黄色的——”

“蒙太古博士有胡子，”西奥多拉说，“所以你肯定是路克。”

艾琳娜说：“你是西奥多拉，因为我是艾琳娜。”我是艾琳娜，她骄傲地告诉自己，我属于这里，我可以自如地说话，我正和朋友们坐在炉火边。

“所以你穿着红毛衣。”西奥多拉冷静地分析道。

“我没有胡子，所以他肯定是蒙太古博士。”路克说。

蒙太古博士愉快地看着大家说道：“我有胡子，因为我太太喜欢男人有胡子。很多女人恰恰相反，觉得胡子很讨厌。嘴上没毛，办事不牢——无意冒犯，伙计——我太太这么说。”他向路克举起了酒杯。

“既然搞清楚哪个是我了，”路克说，“那就让我进一步介绍一下自己。我私下里——假设这是公共场合，其他场合都是私下的——让我想想，是个斗牛士。对，斗牛士。”

“我喜欢‘斗’字，因为它有两点胡子。”艾琳娜不由自主地说道。

“非常正确，”路克向她点了点头，“这样一来我就是蒙太古博士了。我住在曼谷，我的爱好是拈花惹草。”

“才不是呢！”蒙太古博士被逗乐了，纠正道，“我住在贝尔蒙特。”

西奥多拉笑了起来，向路克投去了会心的一瞥，这一瞥也曾投给艾琳娜。艾琳娜看在眼里，苦涩地想，总待在像西奥多拉这样敏锐、很快就能和人搭上腔的人旁边，会不会有点憋屈。“我是画家的模特，”艾琳娜赶紧说道，免得一直想这个事。“我过着放浪不羁的生活，披着披肩奔波在小阁楼间。”

“你是那种无情无义又水性杨花的女人吗？”路克问，“或者是那种弱不禁风，会因为爱上一个公子哥而黯然神伤的女人？”

“为伊消得人憔悴，娇袭一身之病？”西奥多拉加上一句。

“我倒觉得我有一颗金子般的心，”艾琳娜沉思了一会儿说，“话又说回来，咖啡厅里的畅谈就算是我的艳遇了。”我的天哪，我怎么会这么说。

西奥多拉说：“我呢，是一个王国的公主。平常我也是衣锦着丝，穿金戴银的，但是为了和你们谐调，我就借了我女仆的衣服。我可能会迷恋上凡人的生活，再也不回去了,那样的话那个倒霉的姑娘就得给自己添点新衣服了。您呢，蒙太古博士？”

火光中，他微微一笑：“我是虔诚的旅人。”

“真是个和谐的小团体，”路克高兴地说，“看来我们注定要成为形影不离的伙伴了。名妓、信徒、公主、斗牛士。西林山庄肯定没见过这阵势。”

“我这一杯要敬西林山庄，”西奥多拉说，“我还从未见过它这样的阵势。”她起身，端起酒杯，审视起一盆玻璃花来。“你们说他们管这个房间叫什么呢？”

“可能叫活动室吧！”蒙太古博士说，“我觉得这个房间应该比别的房间舒服一点儿。我想，我们可以把这儿当作我们的指挥中心，也算是公共休息室吧！也许它不是很讨人喜欢——”

“它怎么不讨人喜欢？”西奥多拉坚定地说，“没有什么比紫红色的装饰和橡木嵌板更叫人喜欢了。角落里的那个是什么？一台轿子吗？”

“明天你们就能看到其他的房间了。如果要把这里当作活动室，那我就建议搬点可以坐的东西进来。这里的椅子根本就坐不住；我总往下滑。”蒙博士悄悄地对着艾琳娜说。

接着蒙博士又说，“明天我们要探索整栋房子，把它归置成我们喜欢的样子。现在，如果大家都没事了的话，我建议我们去看看达利夫人给我们做了什么好吃的。”

西奥多拉立即起身要去，却突然停下来，困惑地说，“得有人给我带路，我不知道餐厅在哪儿。”她指着前方一扇门说：“这个门连着长长的走廊，是通往前厅的。”

蒙博士笑了：“错了，亲爱的，这个门是通往阳光房的。”他起身带路，得意地说道：“我研究了这所房子的平面图，我们只要从这扇门出去，穿过走廊，到前厅，再穿过前厅到台球室，就能找到餐厅。走习惯就好了。”

西奥多拉问：“他们干吗把自己搞得这么麻烦？为什么要弄这么多奇怪的小房间？”

“兴许他们喜欢躲着别人。”路克说。

“我不明白他们为什么会喜欢到处都是黑漆漆的，”西奥多拉说。她和艾琳娜跟在蒙太古博士后面，路克落在最后，一会儿拉开一个抽屉看看，一会儿嘀咕丘比特头上的幔布和丝带是怎么回事。

“这里有的屋子完全见不到阳光，”蒙博士在前方说，“没有窗户，没法直接通到外面。不过，那个时期的房子有很多这样的房间并不奇怪，甚至很多房间即使有窗户，也要挂上厚重的窗帘，再在外面种上灌木丛。”他打开门把他们带到前厅，对面是大的双扇门，两边各有一扇小门，他打开离他最近的那一扇。“这栋房子确实有些奇怪的地方，”他把着门，让他们走到黑漆漆的房里去。“路克，过来帮我支着门，我好去找餐厅。”蒙博士小心翼翼地穿过这个黑漆漆的房间，打开了一扇门，他们尾随其后，来到了一个目前为止令人感觉最舒适的房间，暖融融的灯光、亮晶晶香喷喷的食物都让人身心愉悦。蒙博士高兴地搓着手，“我得祝贺我自己，终于把你们从西林山庄的蛮荒之地带到了文明之邦。”

“我们平时应该把门都开着，”西奥多拉不安地回头望去，“我讨厌这样在黑暗中找来找去。”

“得拿什么东西抵着它才行，”艾琳娜说，“这房子里的门都是一松手就自己关上了。”

蒙博士说：“明天，我要记下一笔：门自动关上。”他愉快地来到餐具柜前，达利夫人已经摆上了一个暖炉和一排盖着的菜肴。桌上是奢华的烛台和织花台布，四人的餐具已经摆好。

“别客气，多吃点，”路克说着，拿起了叉子，那样子若是让他婶婶看见，真该以为他连叉子都不放过呢。“我们用的可是银质餐具呢！”

“达利夫人肯定很为这所宅子骄傲。”艾琳娜说。

“不管怎么说，这张餐桌还真是不赖，”蒙博士边说边用眼打量着暖炉，“这个安排太棒了，让达利夫人在天黑之前离开，省得我们在她的眼皮子底下用晚餐。”

“或许，”路克盯着自己装得满满的盘子说，“或许我刚刚误会善良的达利夫人了——我怎么还觉得她是善良的达利夫人。她说她希望第二天早上看见我还活着，我们的晚餐又在暖炉里；我现在怀疑她是想让我撑死。”

“她为什么会在这里？”艾琳娜问蒙太古博士，“为什么她和她丈夫会单独待在这里？”

“就我所知，达利一家很早以前就在照管西林山庄了；显然房子的主人也乐意让他们一直干下去。但是明天——”

西奥多拉咯咯笑了，“达利夫人恐怕是这个家族唯一幸存的人了，她才是西林山庄真正的主人。我想她就等着所有桑德森家族的人——说的就是你，路克——所有人都以各种恐怖的方式死光，然后她就可以得到山庄和埋在地下室里的金银珠宝。说不定她和达利会把金子都藏在一间密室里，说不定山庄底下还有石油。”

“西林山庄里没有密室，”蒙博士十分确信地说，“自然，以前也有人这样猜测过，但是我可以很自信地说没有这档子事儿。但是明天——”

“不管怎么说，石油这个说法太老套了，山庄到了这个年岁，已经没什么可发掘的了，”路克对西奥多拉说，“达利夫人再怎么也不可能因为石油就冷血地杀了我。”

“或者单纯是为了杀着好玩。”西奥多拉说。

“有可能，”艾琳娜说，“可我们为什么要来这儿？”

有好一阵儿三个人都看着她，西奥多拉和路克一脸困惑，蒙博士则神情严峻。然后西奥多拉开口了：“我也正想问呢，我们为什么来这儿？西林山庄到底哪里不对劲？这里究竟会发生什么？”

“明天——”

“不，”西奥多拉很不耐烦地说，“我们是三个成年人，也都有脑子。蒙太古博士，我们赶了那么远的路过来，到西林山庄和您会合；艾琳娜想知道原因，我也想。”

“我也是。”路克说。

“您为什么把我们叫到这里来，蒙博士？您自己又为什么会在这里？您听到了西林山庄什么样的故事？为什么会有这些传闻？这里究竟发生过什么？这里究竟会发生什么？”

蒙博士不高兴地皱起了眉头。“我不知道，”他说。听到这些话，西奥多拉做了一个愤怒的手势后，他接着说道，“关于西林山庄，我知道的并不比你们多，我当然会把我了解的所有情况都告诉你们；至于将会发生什么，我们只能拭目以待。但是我想明天说这些也来得及，白天……”

“我等不了。”西奥多拉说。

“我保证，”蒙博士说，“今晚什么事都不会发生。这种事有一些规律，似乎灵异现象也受某种神秘规则的支配。”

“我真的觉得我们应该今天就说清楚。”路克说。

“我们不怕。”艾琳娜补充道。

蒙博士叹了口气，缓缓地说：“假如，你们听到了西林山庄的故事，决定离开，今天晚上怎么走呢？”他用目光扫视着所有人，继续说道，“大门是锁着的。西林山庄一向好客，似乎不愿轻易让客人离开。最近一位试图在晚上离开西林山庄的人——那已经是十八年前的事了——死在了道路拐弯的地方，他的马脱了缰，撞到了一棵大树上。假如我告诉你们西林山庄的故事，你们还有人想离开吗？至少，明天我们可以确保你安全到达村里。”

“可我们是不会逃跑的，”西奥多拉说，“我不会，艾琳娜不会，路克也不会。”

“绝对不会，我发誓。”路克附和道。

“真是一帮桀骜不驯的助手。那好吧，晚饭后，我们到活动室里喝点咖啡，再来点路克带来的上等白兰地，我会告诉你们我所知道的所有事情。现在，让我们先谈谈音乐，谈谈绘画，甚至不妨谈谈政治。”

蒙博士晃着手中的酒杯，“我还没有想好怎么帮你们做好心理准备。这种事显然不好在信里说，我也不想让你们亲身体验之前就有一个先入为主的观念。”他们回到了活动室里，这里暖融融的，大家都有了些睡意。西奥多拉彻底放弃了椅子，直接盘腿坐在了壁炉前的地毯上，昏昏欲睡。艾琳娜本来也想坐在她旁边的，结果犹豫之间就已经坐上了一把摇摇晃晃的椅子，又不好意思再讪讪地坐到地毯上去，免得引起太多注意。达利夫人丰盛的晚餐和一个钟头的闲谈让大家最后一点不真实感和拘谨都消失殆尽；他们开始互相了解，已经能分辨出每个人的声音和语气、面容和笑声；艾琳娜惊奇地发觉自己来西林山庄不过四五个小时，于是对着炉火笑了笑。她能感觉到指间纤细的杯脚、椅背带来的压力，空气在流苏和珠帘间流动时不易察觉的震颤。黑暗蜷伏在墙角，大理石丘比特笑嘻嘻地俯视着他们。

“真是个讲鬼故事的好时候。”西奥多拉说。

“请注意，”蒙博士严厉地说，“我们不是那种琢磨着吓唬人的小孩。”

“抱歉，”西奥多拉抬头朝他笑了笑，“我只是想让自己快点融入进去。”

“我们得注意一下用词，”蒙博士说，“像鬼魂、幽灵这样先入为主的说法——”

“还有汤里的一只手。”路克帮忙补充道。

“伙计，注意你的措辞。我们在这里的目的，是科学探索和研究，所以不应该被——怎么说呢——被坊间巷里才有的半真半假的鬼故事所影响，甚至扭曲。”他对自己能说出这番话很是得意，于是环视一圈看看大家有没有被逗乐。“事实上，在过去几年的研究中，我得出了一些关于灵异现象的结论，现在终于有机会可以验证一下。最理想的状态是你们不知道任何关于西林山庄的事。最好是一无所知，毫无成见。”

“并且还得做记录。”西奥多拉嘀咕道。

“记录，对，确实。要做记录。但是，我发现让你们完全不了解背景知识也不大可能，主要原因在于你们不是那种能打无准备之仗的人。”蒙博士狡黠地朝大家一笑。“你们就是三个任性的孩子，正缠着我给你们讲睡前故事。”西奥多拉咯咯笑了，蒙博士欢快地朝她点了点头，然后站起来，走到炉火边，摆了一个无疑是教室里才会用到的姿势；他好像还嫌身后缺块黑板，有一两次他半侧过身，抬起手，似乎是要找根粉笔写板书。“现在，我们开始讲西林山庄的历史。”真希望我有本子和笔，艾琳娜想，这样他肯定会很高兴。她瞥了一眼西奥多拉和路克，发现他们全是一副学生听讲时的神情。真是全神贯注，我们已经进入探险的下一阶段。

蒙博士开讲了：“记得吗？《圣经·利未记》、荷马史诗中，都有关于不洁之所的记载。你们应该知道，有一种观念由来已久，就是认为有些房子神圣，而有些房子不净。既然有的地方不可避免地形成了神圣和高贵的氛围，那么说有的房子生来邪恶也就并不为过。不管出于什么原因，有长达二十年的时间大家都认为西林山庄是不适宜居住的。它以前是什么样子的，它的气质是不是被以前住在这里的人或者他们所做的事塑造出来的，还是它一开始就是邪恶的，这些问题我都无法解答。我当然希望我们在离开之前能够有更深入的了解。但有的时候，人们甚至连为什么说一个房子闹鬼都不知道。”

“除了闹鬼，还有什么词可以形容西林山庄？”路克问道。

“这个嘛——错乱、癫狂、病态，任何委婉形容精神失常的词都可以；一所发了疯的房子真是绝妙的比喻。然而很多流行的理论都忽视了这些神秘现象；有人会说这种我称为‘灵异’的错乱是地下水、电流引起的，或者是空气污染导致的幻觉；认为是气压、太阳黑子或地壳运动引起的也大有人在。人们总是急于把事物归到某类名目下面，哪怕毫无意义，只要它听上去跟科学沾点边就行了。”他叹了口气，又向他们坏笑道，“我跟大学里的同事说我夏天要住到一所鬼宅里实地考察时，大家都笑了。”

西奥多拉说：“我跟大家说的是我要参加一项科学实验，当然没有告诉他们是去哪儿，干什么。”

“可能你的朋友对科学实验的反应没有我的朋友那么强烈，”蒙博士又叹了口气，“实地考察，我这把年纪，他们居然还信了。”他直起身，在身旁摸索，可能是想找出把米尺来。“我是在一年以前，从我的上一个租户那里听说西林山庄的。他先是信誓旦旦地跟我说他离开西林山庄是因为他家人不愿意住在那么偏僻的乡下，后来又说这所房子应该被烧掉，再在地上撒满盐。我于是调查了一下其他租过西林山庄的人，发现他们都没住几天就走了，肯定是没有住满租期。理由要么是那个地方太潮湿——完全不符合事实，房子其实很干燥——要么是说他们有急事得赶紧搬走，比如生意上的事。也就是说，尽管每个匆忙离开西林山庄的租户都想找一个说得过去的借口，但无疑他们都是匆忙离开的。我当然也尝试过从他们嘴里多撬出点儿东西来，但无论如何都没能说服他们谈论西林山庄；他们似乎非常不愿意向我提供太多信息，也不愿意回忆他们住在西林山庄里那几天的细节。但他们都无一例外地劝我离西林山庄越远越好，在这一点上他们空前一致。没有一个之前住过的人承认这里闹鬼，但是当我到希尔斯代尔查阅当地的报纸记录时——”

“报纸？”西奥多拉问，“有什么传闻吗？”

“哦，是的，”蒙博士答道，“有一个非常精彩的故事，自杀、疯癫和诉讼都占全了。我听到了各种各样不同的版本——想要得到一座闹鬼房子的确切信息真不是一般的难啊！说出来你们可能不信，我费了这么大劲也就了解到这么点儿东西——最后我找到了桑德森夫人，也就是路克的婶婶，向她租下了西林山庄。她坦诚很少有人愿意租——”

“烧掉一所房子没有你们想的那么简单。”路克说。

“——但她同意让我租一段时间来做研究，条件是必须有他们家族的人参与整个过程。”

路克一本正经地说，“他们希望我可以劝你别去深挖那些可爱的古老传闻。”

“好了。我已经解释了我为什么会来这里，以及路克为什么会来。至于你们两位女士，我们只知道你们来是因为我给你们写信，你们接受了我的邀请。我希望你们能以自己的方式，参与到调查研究中来；西奥多拉会某种传心术，艾琳娜亲身经历过促狭鬼的闹剧——”

“我？”

“当然。”蒙博士好奇地盯着她，“很多年以前，在你还是个孩子的时候。那些石头——”

艾琳娜皱起了眉头，摇了摇头。她握着杯子的手有些颤抖，最后她说：“那是邻居们干的。妈妈说那都是邻居们干的。他们忌妒心太重。”

“也许吧！”蒙博士向艾琳娜报以微笑，轻声说道，“这件事情已经过去很多年了，我提起它只是因为这是我想让你来西林山庄的原因。”

西奥多拉懒懒地说：“当我还是个孩子的时候，——

‘很多年以前’，蒙博士，您用词很到位嘛——我扔了一块砖头到温室的屋顶上，结果挨了打。我记得我后来还回味了很长时间，一边是挨打，一边是撞击的快感，想来想去我又去扔了一次。”

“我不大记得了。”艾琳娜对蒙博士说。

“可是为什么呢？”西奥多拉问道，“我的意思是，我能理解人们认为西林山庄闹鬼,然后您希望我们来这里，记录下发生的事情——并且我敢说要不是因为做研究，您肯定不愿意一个人待在这里——但我就是不明白。这是一座可怕的老房子，要是我租了它，我肯定在看见前厅的第一眼时就把租金要回来了，但这里究竟有什么？究竟是什么让人们这么害怕？”

“我不知道，”蒙博士说，“我不会给没有名字的东西强加一个名字。”

“他们从没告诉我究竟是怎么回事，”艾琳娜急切地对蒙博士说，“我妈妈说是邻居们干的，他们总是跟我们作对，因为我妈妈不愿意和他们搅和到一块儿。我妈妈——”

路克打断了她，语速缓慢，口气却不容置疑：“我想，我们想要的是事实，可以让我们理解和接受的事实。”

蒙博士说：“首先我要问你们所有人一个问题。你们想离开这儿吗？有没有人建议说我们干脆现在就收拾东西离开，西林山庄爱怎样怎样，再也不与我们相干？”

他看着艾琳娜，此刻艾琳娜把两只手紧紧握在一起。这是一个逃走的机会，艾琳娜想。可她只是尴尬地瞟了一眼西奥多拉，然后解释道：“不，我今天下午有点太孩子气了，我确实把自己吓着了。”

“也不完全是这样，”西奥多拉忠实地说，“我也不比她好多少；我俩都把对方吓了个半死，就因为一只兔子。”

“兔子真是可怕的家伙。”路克说。

蒙博士笑了，“我想我们今天下午应该都很紧张。在那个拐弯的地方第一眼看清西林山庄时我也吓了一大跳。”

“我以为他要把车撞到树上去了。”路克说。

“我现在勇敢多了，在温暖的房子里，还有炉火和你们的陪伴。”西奥多拉说。

“我觉得我们现在可能想走都走不了了，”还没弄明白她究竟说了什么，或者其他人听起来是什么，艾琳娜的这句话就脱口而出；她看见大家都盯着她，赶紧笑笑，找了个蹩脚的理由，“达利夫人不会原谅我们的。”她不知道他们是不是真的相信这个理由。也许它吃定我们了，西林山庄只怕不会让我们离开了。

“再来点白兰地吧！”蒙博士说，“然后我给你们讲西林山庄的故事。”他又摆出那副讲课的姿势，娓娓道来，像是在述说一位去世多年的国王或是一场早已结束的战争；他的声音听起来不疾不徐，不温不火。“西林山庄建在大约八十年以前，是一个名叫休·克雷恩的人为自己和家人建造的，他希望这个乡间别墅能让他的子孙生活在安逸和奢华之中，他也可以在这里安享晚年。不幸的是西林山庄几乎从一开始就见证了太多的悲剧；休·克雷恩年轻的妻子，还差几分钟就能看到西林山庄时，不幸去世了。当时载着她的马车在车道上翻倒了，被带到她丈夫为她建造的房子里时，已经——唉，咽了气，他们的原话就是这样。休·克雷恩含辛茹苦，拉扯两个女儿长大，始终没有离开过西林山庄。”

“孩子们也是在这里长大的吗？”艾琳娜感到不可思议。

蒙博士又笑了，“就像我说的，这里很干燥，孩子们不会因为潮湿而感冒发烧。乡下的空气也很清新，并且这座房子也非常豪华。我相信两个孩子会在这里玩耍，也许有点孤独，但不至于不快乐。”

西奥多拉凝视着炉火说：“我希望她们去溪边玩耍过，可怜的孩子们。我希望有人让她们在草地上奔跑，摘些野花。”

蒙博士继续讲道："她们的父亲再婚了，事实上，再婚了两次。他似乎——有些克妻。他的第二任妻子是摔死的，但我不能确定具体的原因和死法。她的死似乎和第一任妻子一样突然。第三任妻子死于他们过去叫作肺痨的病，是在欧洲的某个地方去世的；书房的哪个地方有几张她们父亲和继母从不同的疗养胜地给她们寄的明信片。这位继母去世之前，两个女孩都跟家庭教师生活在一起。她去世之后，休·克雷恩宣布关闭西林山庄，旅居国外。他的两个女儿则被送去和母亲那边的亲戚一起生活，此后一直待在那里直到成人。"

"但愿那位亲戚比休·克雷恩有趣一些，"西奥多拉依旧盯着炉火说道，"想想孩子们成长在那样阴暗的环境中，就像蘑菇一样，真是可怕。"

"她们自己可不那么认为，"蒙博士说，"两姐妹的余生都在为西林山庄而争吵。休·克雷恩也没有像他想象的那样坐拥一个王朝，而是在他第三任妻子死后不久，也在欧洲孤独的死去了。西林山庄留给了姐妹俩，她们那会儿已经长成小淑女了；姐姐已进入社交圈了。"

"开始盘起发髻，学着喝香槟、拿扇子了……"

"西林山庄闲置了好几年，但一直都收拾得很好；一开始是准备休·克雷恩回去住，他死后，准备姐妹俩中可能有人会去住。在这一段时间中姐妹俩达成一致，西林山庄归姐姐所有；妹妹结婚了——”

“啊，妹妹结婚了。抢的姐姐的男友，我就知道。”西奥多拉说。

蒙博士继续说：“据说姐姐在恋爱上受过挫折，当然几乎所有单身女性，不管是因为什么原因单身，都会被人这样说。不管怎么说，最后是姐姐回来住到了这里。她跟她父亲似乎出奇地相似；她在这里独自住了好几年，离群索居，尽管希尔斯代尔的人知道她住在这里。你们可能不相信，但她发自内心地爱着西林山庄，并把这里当作自己的家。后来她终于还是从村子里带了一个女孩过来和她同住，也算有个伴吧！就我了解，村民们并不讨厌西林山庄，毕竟克雷恩小姐——人们自然会这样称呼她——会从村子里雇人，而且他们也认为她带个女孩过去做伴是件好事。在山庄的财产分割上克雷恩小姐和她妹妹一直有分歧，她妹妹坚称，放弃这所房子时说好了要把家里的财宝给她的，那些东西很值钱，姐姐后来却不肯给。这里面有一些珠宝，几件古董家具和一套镶了金边的盘子，妹妹似乎对拿不到这套盘子最为光火。桑德森夫人让我翻阅了家族的一些材料，我得以读到几封妹妹写给姐姐的信，其中那套盘子就像是反复出现的伤疤。不管怎么说，姐姐死在了这所房子里，死于肺炎，死的时候身边只有那个女孩——也有人说医生赶到的时候她被遗忘在楼上，那个女孩正和几个村里的粗人在花园里嬉闹，但我推测这只是谣言；没有证据证明这种说法在当时广为接受。事实上很多故事都只是妹妹歹毒的报复，她的怒火从来没有熄灭过。”

“我不喜欢那个妹妹，”西奥多拉说，“先是抢走了姐姐的爱人，后来又想拿走姐姐的盘子。我不喜欢她。”

“西林山庄跟一长串的悲剧都有关联，但是，大多数老宅子都是这样。毕竟，人们总得有个地方出生、去世，一所宅子不可能八十年都没有一个人死在它的墙内。姐姐死后，有一场关于房子的诉讼。姐姐找来的女伴坚持说房子是留给她的，但是妹妹和她丈夫非常强硬地说房子依法应该归他们，还说是那个女孩骗得姐姐把本应该留给妹妹的财产给了她。这桩纠纷闹得很不愉快，跟所有家庭纠纷一样，最后双方都撇下了狠话。那个女孩在法庭上发誓，发誓妹妹曾在夜里过来偷东西；我想这可能是西林山庄闹鬼最初的由来。可是法庭要她详细说明这个情况时，她却开始慌张，前言不搭后语，最后，因为要出示证据，她才改口说那套银质餐具、珍贵的珐琅制品和镶了金边的盘子是弄丢了；其实仔细想想，那些东西要偷也真不容易。至于妹妹，她说她姐姐是死于谋杀并且要求调查。可能就是因为这个，引起了刚才故事里说的姐姐死于疏于照顾的传闻。除了一张讣告之外也没有别的关于她死亡的记录了，显然村民们也在想她的死会不会有什么蹊跷之处。那个女伴最终赢了诉讼，西林山庄依法归她所有。她可能还打赢了一场告妹妹诽谤的官司，但妹妹从来没有就此作罢。她不断给她写信，恐吓她，还到处说她坏话，当地警方记录显示起码有一次女伴不得不寻求警方保护，防止妹妹用扫帚袭击她。看样子，这个女孩陷入了恐慌；她的房子在夜间失窃——她一直坚称他们来偷过东西——我还读到一封她写的挺惨的信，信里说自从克雷恩小姐死后她就没睡过一个好觉。奇怪的是，村里的人好像都同情妹妹，可能是因为那个女伴本来也不过是个村姑，却摇身变成了凤凰。那时候村里人觉得——恐怕现在也这么觉得——本应归妹妹的财产被一个狡猾的女人给算计跑了。他们倒也不信她会杀人，但是总觉得她耍了手段，八成因为他们自己就是那种一有机会就耍手段钻空子的人。当然啦，口水总能淹死人。那个倒霉的孩子自杀的时候——”

“她自杀了？”艾琳娜一惊，脱口而出，差点站了起来，“她被逼到自杀了？”

“难道还有别的方法结束这种折磨吗？显然她觉得是走投无路了。村民们说她是因为愧疚才选择自杀的。我倒觉得她是那种坚强却不聪明的女人，能够坚守住认为属于自己的东西，却不能忍受流言的攻击；她自然是没有武器回击妹妹恶毒的攻势，村里的朋友也不再帮她；门锁得再好也防不住夜里偷东西的贼，她可能被这种说法逼疯了——”

“她可以走啊，”艾琳娜说，“离开那座房子，走得越远越好。”

“事实上，她试过。我真的觉得这个可怜的孩子是被人们的仇恨杀死的；噢，对了，她是上吊死的。据说是在塔楼的尖顶里上吊的，像西林山庄这样有塔楼和尖顶的房子，流言恐怕也不会让你在别的地方上吊了。她死后，房子依法归桑德森一家所有，他们是她的表亲，在妹妹的骚扰面前不像那个女伴那样软弱无力，不过妹妹那会儿已经几近癫狂了。我听桑德森夫人说她公婆第一次去看房子时，妹妹还过来羞辱了他们，站在路边朝她们大喊大叫，结果被当地的警察给带走了。此后故事里就没有妹妹的身影了。从桑德森夫人的婆婆住进去，到几年后传来她的死讯，妹妹似乎都在远离桑德森一家的地方念念不忘他们的罪行。奇怪的是，不管她怎么撒泼、骂街，她都坚持一点——她没有，也绝不会晚上潜入宅子偷东西，或者干别的什么勾当。”

“那究竟有没有东西被偷呢？”路克问。

“我说了，那个女伴最后只能说有一两件东西好像丢了，但她也说不准。可以想象，夜袭西林山庄的故事添油加醋，就演变出后来闹鬼的说法。再说，桑德森一家根本没有住在这里。他们在山庄里待了几天，告诉村里的人说他们正收拾准备住进去，却突然搬出来，把山庄关闭了。他们说有急事，要赶紧到城里去，但村里人知道另有隐情。此后再也没有人在这里长住了，山庄也就进入市场出售或者出租。啊，真是一个长长的故事。我得再来点白兰地。”

“我没法忘掉那两个可怜的女孩，”艾琳娜依旧盯着炉火说道，“在这样阴森森的房间里走来走去，说不定还会在楼上的哪间卧室里玩过家家。”

“所以这栋老房子就一直待在这里，”路克伸出手试探地摸了摸大理石丘比特像，“没人爱抚，没人居住，不被任何人需要，只能待在那儿，沉思默想。”

“还有等待。”艾琳娜说。

“还有等待，”蒙博士附和道，“本质上，”他放慢语速，“恶就存在于房子自身。它束缚住在这里的人，然后摧毁他们的生活，这是一个充斥着恶意的地方。明天你们就会看到。桑德森一家最开始打算住进来的时候给它通了水电，装了电话，不然现在完全跟以前一样。”

一阵沉默过后，路克说：“我相信我们在这儿都会过得很舒服的。”

5

艾琳娜发现自己一直在盯着自己的脚。西奥多拉想象着炉火在脚趾上跳跃，艾琳娜得意地想着自己的脚在红凉鞋里还挺漂亮的；我是一个多么完整而独立的个体啊，从红色的脚趾到头顶，一个个体的我，有着仅属于我的特点。我有红鞋子，这就是艾琳娜；我讨厌龙虾，我喜欢朝左边睡，我会在紧张的时候挤指关节，我爱收集扣子。我拿着白兰地酒杯，它是我的，因为我在这里，我在用它，我在这个房间里有一席之地。我有红鞋子，明天我会醒来，我还会继续待在这里。

“我有红鞋子。”她轻轻地说，西奥多拉转过头朝她微笑。

“我想问——”蒙博士看着他们，充满了急切的渴望——“我想问，你们都玩桥牌吗？”

“当然啦。”艾琳娜说。我玩桥牌，我曾经有一只叫舞者的猫；我会游泳。

“我不太会。”西奥多拉说。剩下三个人一脸失望地看着她。

“一点儿都不会吗？”蒙博士问。

“十一年来我每周都玩两次桥牌，”艾琳娜说，“和我妈妈，她的律师，律师夫人，我想我的技术可以让我如此夸口。”

“你们可以教我吗？”西奥多拉说，“我学得很快的。”

“天哪，”蒙博士说。艾琳娜和路克笑了。

“我们干点儿别的吧！”艾琳娜说。我玩桥牌；我喜欢有酸奶油的苹果派；我是自己开车来的。

“双陆棋[①]怎么样？”蒙博士有点无奈地说。

“我棋下得很好哟！”路克对蒙博士说，蒙博士立马高兴了。

西奥多拉还是紧闭着嘴。“我觉得我们不是来玩游戏的。”她说。

“放松一下嘛。”蒙博士心不在焉地说。西奥多拉耸了耸肩，又望向炉火。

“我去拿棋盘，不过您得先告诉我它在哪儿，”路克

---

① 双陆棋（backgammon）：一种在棋盘或桌子上走棋的游戏，靠掷两枚骰子决定走棋的步数，比赛的目的是要使自己的棋子先到达终点。

说。蒙博士笑了。

“还是我去吧，”他说，“我研究过这个房间的布局。要是让你随便走的话，我们只怕再也找不到你了。”蒙博士出去之后，路克好奇地瞥了一眼西奥多拉，然后走过去站在艾琳娜身旁说：“你害怕吗？那个故事吓到你了吗？”

艾琳娜果断地摇了摇头。路克说：“你看上去脸色苍白。”

“我可能该去睡觉了，”艾琳娜说，“今天开了那么远的车，我有点不习惯。”

“喝点白兰地吧！”路克说，“有助睡眠。你也来一点儿吧！”他对着西奥多拉的后脑勺说。

“谢谢！”西奥多拉头也不抬，冷冷地说，“我睡眠一向很好。”

路克朝艾琳娜会心一笑，蒙博士开门进来时他转过头去。“我真能自己吓自己，”蒙博士一边说，一边把棋放在桌上，“这是一座怎样的房子啊！”

“发生什么了吗？”艾琳娜问。

蒙博士摇了摇头，“我们应该规定，不能独自在房子里乱逛。”

“发生什么了？”艾琳娜又问。

“是我自己吓自己，”蒙博士肯定地说，“这张桌子可以吧，路克？”

“真是一副漂亮的旧棋，”路克说，“不知道妹妹怎么把它给漏掉了。”

“我跟你说吧，”蒙博士说，“那妹妹要真是晚上来偷东西的话，那她肯定是吃了豹子胆。它都看着呢！”他突然加上一句，“这房子，它看着你做的每一件事。”然后又说道，“当然啦，这是我自己瞎想的。”

在火光的照耀中西奥多拉显得面有愠色。她喜欢被人关注，艾琳娜想。然后，几乎没有犹豫，她起身坐到了西奥多拉旁边的地板上。她可以听到身后棋子落下的声音，以及路克和蒙博士揣摩棋局的细微响动，炉火中跳动着火苗和未燃尽的颗粒。她等了一会儿，不见西奥多拉开口，便轻松地说道，“还是不能相信你已经在这儿了吧？”

“我没想到会这么无聊。”西奥多拉说。

“白天我们就有很多事可以做了。”艾琳娜说。

“在家的时候身边总是有很多人，大家有说有笑的，可有意思了——”

“我可能不需要这些，”艾琳娜有些抱歉地说，“我的生活一向没什么意思。我总是得跟妈妈待在一起。她睡觉的时候我就下单人跳棋，或者听听收音机。我最讨厌在傍晚读书，因为我每天傍晚都得给妈妈念两个小时的书，念爱情故事——”她笑了笑，眼睛盯着炉火。根本不是这样，她想着，觉得自己被自己吓了一跳，怎么她即使想说，说出来也完全变了味；我究竟在说些什么？

“我很糟糕，对吗？”西奥多拉把手放到了艾琳娜手上，“我坐在这儿发牢骚就是因为我没什么可以玩的，我真自私。告诉我我真讨厌。”火光中她的眼里闪着愉快的光。

“你真讨厌，”艾琳娜顺从地说；西奥多拉的手让她觉得很窘。她不喜欢被触碰，可是西奥多拉好像喜欢用肢体语言表达懊悔、愉快或同情。不知道我的指甲干不干净，想到这个，艾琳娜轻轻地把手拿开了。

“我真讨厌，”西奥多拉说着，心情又好了起来，“我既讨厌又烦人，没人受得了我。就是这样。现在，跟我说说你吧！”

“我既讨厌又烦人，没人受得了我。”

西奥多拉大笑道：“别取笑我嘛！你既甜美又可爱，大家都喜欢你；路克已经疯狂地爱上你了，我都妒忌死了。我想多了解了解你。你真的照顾了你妈妈很多年吗？”

“是的。”艾琳娜说。她的指甲脏死了，手的形状也不好看，人们拿爱情开玩笑是因为这样比较有趣。“十一年，直到三个月前她去世。”

“她去世的时候你难过吗？我需要说我很抱歉吗？”

“不用。她活着的时候并不快乐。”

“你也不快乐吗？”

“我也不快乐。”

“那现在呢？你终于自由之后,你都做了些什么呢？”

“我把房子卖了，”艾琳娜说，“我姐姐和我各自拿了自己想要的东西，都是一些小物件；家里除了妈妈收着的一些小物件——爸爸的手表呀，一些旧首饰呀，也就没什么值钱的东西了。哪里比得上西林山庄的姐妹俩。”

“那你把其他的东西都卖了？”

“所有东西。她一死我就卖了。”

“于是你就开始疯狂地放纵自己，最后来到了西林山庄？”

“不完全是。”艾琳娜笑道。

“可是想想你荒废的那些年！你有没有去坐油轮，结交些有趣的男人，给自己添点新衣服？”

“可惜，”艾琳娜不动声色地说，“我没有那么多钱。姐姐把她的那份存起来做了女儿的教育经费，我也买了些衣服，为了来西林山庄。”大家都喜欢回答关于自己的问题，这种嗜好真奇怪。现在我什么问题都可以回答。

“你回去之后会干什么呢？你有工作吗？”

“我现在还没有工作，也不知道回去之后要干什么。”

“我知道我要干什么，”西奥多拉伸了个大大的懒腰，“我要把公寓里的灯全都打开，来个灯光浴。”

“你的公寓是什么样的？”

西奥多拉耸耸肩：“还不错，我们找了一栋老房子，收拾了一下。有一个大房间，几间小卧室，和一个不错的厨房——我们把它漆成了红白两色，然后把从旧货市场淘来的家具翻新。我们有一张很漂亮的桌子就是翻新的，桌面是大理石的。我们都喜欢买旧货自己翻新。”

“你结婚了吗？”艾琳娜问。

沉默了一小会儿，西奥多拉笑道：“没有。”

“对不起啊，我不该瞎打听。”艾琳娜感到很尴尬。

“你真有趣。”西奥多拉说着摸了摸艾琳娜的脸颊。我的眼角有皱纹，艾琳娜把脸别向一边。“告诉我你住哪儿？”西奥多拉又问。

艾琳娜又低头看了看自己难看的手。我们又不是请不起洗衣工，凭什么衣服都要我来洗。我的手真难看。“我自己有一个小住所，”她慢慢地说，“和你一样，是一间公寓，只不过我是一个人住。肯定比你的那个要小。我还在布置，一次买一样东西，这样可以确保买到完全中意的东西。窗帘是白色的。我找了几个星期才找到放在壁炉两角上的小石狮，我有一只白猫，还有几本书，一些唱片和几张画。一切都得完完全全按照我设想的样子来，因为我是唯一的主人；我曾经有一只蓝茶杯，里面画着星星；当你斟一杯茶向里看时，看到的都是星星。我想要一只那样的杯子。”

“也许有一天我的店里会出现一只这样的杯子，”西奥多拉说，“那时我就会把它寄给你。这样有一天你就会收到一个小包裹，上面写着‘给艾琳娜，来自好友西奥多拉’，里面就是一个满是星星的蓝茶杯。”

“我应该把那些镶金边的盘子偷回去。”艾琳娜笑着说道。

“赢了！”路克说。蒙博士叫道：“哦，天哪，天哪。”

“瞎猫碰上了死耗子，”路克高兴地说，“两位女士是不是都在火边睡着了？”

“快了。”西奥多拉说。路克走过来把她们拉起来，艾琳娜别别扭扭地站起来，差点摔倒；西奥多拉迅速起身，伸了个懒腰，打着哈欠说：“西西困了。”

蒙博士说：“我来带你们上楼，明天我们真得开始记路了。路克，把火封上好吗？”

“我们要不要看看门锁没锁？”路克问道，“我想达利夫人走的时候应该锁了后门，就是不知道其他门锁了没有。”

“我觉得不会有人闯进来的，”西奥多拉说，“再说啦，那个女伴不也锁着门嘛，她落着什么好了吗？”

“万一有人想要闯出去呢？”艾琳娜说。

蒙博士瞥了艾琳娜一眼，又赶紧把目光移开。“我觉得没有必要锁门。”他平静地说。

“村子里肯定不会有抢劫的。”路克说。

“不管怎么样，”蒙博士说，“我大概一个小时之内不会睡觉；在我这个年纪，睡前读会儿书很有必要，并且我十分明智地带的是《帕梅拉》[①]。你们谁要是睡不着的话，我可以念给你们听。我没听说有谁听了塞缪尔·理查森的书还睡不着的。”他带着她们穿过窄窄的走廊和宽敞的前厅，上了楼梯。“我总想念书给很小的小朋友试试。”

艾琳娜跟着西奥多拉上了楼梯；她现在才知道自己有多累，每爬一级台阶都得费老大劲。她不断地告诉自己这是在西林山庄，但是现在蓝房间对她来说只是一张有蓝色床罩和被子的床罢了。“话又说回来，”蒙博士在她后面接着说道，“菲尔丁[②]的小说也很长，但完全不是一个类型，

---

① 《帕梅拉》（Pamela）：塞缪尔·理查森的书信体小说，英国感伤主义文学的代表作。

② 菲尔丁（Henry Fielding）：十八世纪英国作家，是英国现实主义小说的奠基人。

小孩子看了可不好。劳伦斯·斯特恩[1]我看都未必行——”

西奥多拉来到绿房间的门口，又转向艾琳娜笑道：“你要是害怕，尽管到我房间来。”

“好的，”艾琳娜诚挚地说，“谢谢你，晚安。”

“托比亚斯·斯摩莱特[2]就更别提了。女士们，路克和我都在这儿，就在走廊的另一边。”

“你们的房间是什么颜色？”艾琳娜忍不住问道。

“黄色。”蒙博士说，惊讶她怎么会这么问。

“粉色。”路克明显很反感。

“我们的是蓝色和绿色。”西奥多拉说。

蒙博士说：“我看会儿书再睡，门也会半开着，这样可以听见外面的响动。晚安。睡个好觉。”

“晚安，”路克说，“晚安，各位。”

艾琳娜关上蓝房间的门，她想可能是西林山庄的阴森和压抑让她感到疲惫，但现在已经不重要了。蓝色的床现在软极了。真奇怪，她睡意蒙眬地想，西林山庄明明很可怕，可是在很多方面却是很舒适的——柔软的床，怡人的草坪，温暖的炉火，还有达利夫人的饭菜。大家也都很好，

---

① 劳伦斯·斯特恩（Laurence Sterne）：十八世纪英国感伤主义小说家。
② 托比亚斯·斯摩莱特（Tobias Smollett）：十八世纪英国小说家。

我还是孤身一人，现在我终于可以想这个问题了。为什么路克会在这儿？我又为什么会在这儿？眷侣相会，旅途方终。他们都看出来我害怕了。

她打了个寒战，然后坐起来找床尾的被子。随后，在寒冷中兴奋地爬下床，赤着脚，悄悄地跑到门后转了转门锁里的钥匙；他们不会知道我锁门了，她想，然后快速回到床上。她拥着被子，担忧地看着窗户，窗户在黑暗中闪着惨白的光，然后又看看门。要是有安眠药吃就好了，她想着，又不自觉地望望窗户，望望门，门是不是动了？可我锁上了呀，门是不是动了？

把毯子裹在脑袋上应该好一些。藏在毯子里，她咯咯笑了，庆幸没有人听得见。在城里她从来没有把脑袋藏在毯子下睡过；今天可真有不少新鲜的经历啊！

艾琳娜睡了，很安心；另一个房间里，西奥多拉也睡了，她的脸上挂着微笑，房里开着灯。走廊的另一边，蒙博士一边读着《帕梅拉》，一边时不时地抬头倾听，有一次还走到房门口站了一会儿，看了看下面的大厅，然后又回去接着看书。在走廊的一片黑暗之中，一盏夜灯放射着光芒。路克睡了，床头放着手电筒和他一直带在身边的护身符。山庄围绕着他们，沉思冥想中，好像打了个寒战。

六英里外，达利夫人从梦中醒来，看了看钟，想着西林山庄会发生什么，又迅速闭上了眼睛。住在三百英里开外的桑德森夫人，西林山庄的主人，此刻正合上她的侦探故事书，打了个哈欠，伸手关了灯，想了一下有没有锁好大门。西奥多拉的朋友也睡了；蒙博士的妻子和艾琳娜的姐姐也睡了。

远处，山庄外的树林里，一只猫头鹰发出了一声鸣叫，黎明前下起了一点小雨，天灰蒙蒙的。

第四章

❶

艾琳娜早晨醒来，发现蓝房间在晨雨中显得灰惨惨的。原来昨天夜里又蹬了被子，像往常一样，单枕着枕头睡了一晚。她没想到自己竟然睡到了八点多，更想不到几年来睡的第一个好觉竟然是在西林山庄。躺在蓝色的床上，看着头顶昏暗的雕花天花板，半梦半醒中，她问自己，我昨晚都干了什么？有没有犯傻？他们有没有笑话我？

把昨晚的事在脑子里快速过了一遍之后，她只记得她有过——肯定有过——傻乎乎的、孩子气的满足和高兴；他们有没有笑她太单纯？我说傻话了，她告诉自己，他们肯定注意到了。今天我要再矜持一点，别弄得好像能加入他们是多大个事儿似的。

她完全醒了，摇了摇头，轻叹一声。你真是个小傻瓜，艾琳娜。她每天早上都会这样告诉自己。

整个房间也在她旁边苏醒过来；她在西林山庄的蓝房间里，凸花条纹窗帘在窗前轻轻摆动，浴室里传来哗啦啦的水声，肯定是西奥多拉弄出来的。她起来了，肯定已经穿戴整齐、饥肠辘辘了。“早上好。”艾琳娜喊道，西奥多拉在那边气喘吁吁地答道：“早上好——我马上就好了——我帮你把浴缸先放满——你饿吗？反正我饿了。”难道她觉得不帮我把浴缸放满我就不洗澡了吗？艾琳娜想，然后又觉得不该这么想；我来这里就是为了不再这样，她严肃地告诉自己，然后爬起床，来到窗前，向游廊外的草坪望去。雾气笼罩着树丛和灌木丛，草坪边缘是一排树，树下是那条通往小溪的小路，可惜在今晨看来，草坪上的野餐显得不那么诱人了。今天一天都会湿乎乎的。但毕竟是夏天的雨，可以让草木更绿、空气清新。真美，艾琳娜想，同时自己又被这个想法吓了一跳；她怀疑自己会不会是第一个觉得西林山庄很美的人，或许在第一天早上的时候，他们都这么觉得？她打了个寒战，同时又感到一股不可名状的兴奋，使她忘了在西林山庄中愉快地醒来有什么不对劲。

“我都要饿死了。”西奥多拉从浴室中出来，艾琳娜抓起浴袍，赶紧进了浴室。西奥多拉冲她喊道：“把自己弄得阳光一点，今天天很阴，我们要比往常更明媚。”

朝歌者，夕将泣，艾琳娜告诫自己，因为她正在轻轻哼唱，“岁月蹉跎，青春易过……”

“我还以为我最懒呢！”西奥多拉沾沾自喜道，“想不到你比我还懒。懒这个字都没法形容你了。赶紧收拾好去吃早餐。”

“达利夫人九点摆好早餐，你说她看到我们个个笑容灿烂的会怎么想？”

“她会失望得直哭。你说昨天夜里有没有人哭着喊着要她？”

艾琳娜瞧着自己满是肥皂泡的腿说：“我睡得像猪一样。”

“我也是。你三分钟之内要是还不出来，我就进去把你淹死在浴缸里。我要吃早饭！”

艾琳娜发现她已经很久没有把自己打扮得阳光灿烂了，也很久没有在早餐前感到肚子饿了，也很久没有在起床时那么明确地感到自己的存在、那么细微地体察自己的感受了；她甚至是第一次那么认真地刷牙。都是因为睡了一个好觉，妈妈死后我的睡眠可能比自己以为的还要差。

“你还没好吗？”

“来了，来了。”艾琳娜说着，跑到门口，想起它还是锁着的，于是轻轻开了锁。西奥多拉穿着一件花花绿绿的呢子大衣，在走廊上等她；看着西奥多拉，艾琳娜感到这个人不管是穿衣服还是洗澡，走路还是吃饭，睡觉还是说话，都在享受自己的每一分钟；也许西奥多拉根本不在乎别人怎么看她。

“你说我们会不会还得花一个小时才能找到餐厅？”西奥多拉说，“不过或许他们给我们留了张地图——你知道路克和蒙博士已经起来几个小时了吗？我一直在窗户那儿跟他们说话呢！”

他们丢下我已经开始了，明天我要早点起床，也去窗户那儿和他们说话。她们下了楼，穿过昏暗的大厅，西奥多拉胸有成竹地把手放到一个门把手上。“这里。”她说。门开了，里面是她们没有见过的房间，光线很暗，还有回声。“这里。”艾琳娜说。但门内是通向她们昨天烤火的地方的狭长走廊。

“是从这儿穿过大厅的呀！”西奥多拉转过头来，十分困惑。“该死的，”她扭头喊道，“路克？蒙博士？”

她们听到了一声遥远的回音，西奥多拉跑过去又开了一扇门。她对身后的艾琳娜说：“他们要是敢把我关在这个倒霉的大厅里，让我一遍一遍地开门来找我的早餐——”

“这扇门应该是对的，我想，”艾琳娜说，“要穿过一个黑黑的房间，后面就是餐厅。”

西奥多拉又开始大喊大叫，撞上了几件小家具，骂了几声，前面的门终于开了，蒙博士说道：“早上好。”

“倒霉的破房子，”西奥多拉揉着膝盖说道，“早上好。”

“你们可能不信，”蒙博士说，“但是三分钟前这个门还是敞开的。我们专门留着门好让你们找对地方。就在你们叫我们之前，我们坐在这里眼睁睁地看着门关上了。真没办法。早上好。”

“是烟熏鲱鱼，”路克站在餐桌那边说，“早上好，希望两位女士爱吃烟熏鲱鱼。”

他们克服了一夜的黑暗，早晨相聚在西林山庄，像一家人一样，轻松地打着招呼，坐在昨晚吃饭的位置上，坐着昨晚坐过的椅子。

“达利夫人给我们准备的真是一顿大餐啊，”路克挥舞着刀叉说道，“我们还在想，你们是不是那种在床上只要一杯咖啡一块面包就能解决早餐的人呢！”

“换个房子我们肯定早就到了。”西奥多拉说。

“你们真的为我们把门都打开了吗？”艾琳娜问。

“我们就是看见门关上了，才知道你们来了的。”蒙博士说。

“今天我们要把门都打开，钉死，”西奥多拉说，“我要在房子里来回走，直到每次都能找对地方为止。我昨晚是开着灯睡的觉，”西奥多拉向蒙博士说道，“什么也没发生。”

“一直都非常安静。”蒙博士说。

“您一晚上都在守着我们吗？”艾琳娜问。

“差不多到三点吧，后来《帕梅拉》终于把我看睡着了。一直没什么声音，直到两点多钟的时候开始下雨。你们二位中有一个人在睡梦中叫了出来——”

“那一定是我，”西奥多拉大方地承认道，“我梦见邪恶的妹妹站在西林山庄的门口。”

“我也梦见她了。”艾琳娜看着蒙博士，突然说道，“好丢人。我是说，想到自己会害怕。”

“我们都这样。”西奥多拉说。

“掩饰反而更糟糕。”蒙博士说。

“多吃点烟熏鲱鱼，”路克说，“然后你们就什么也感觉不到了。”

和昨天一样，艾琳娜感觉到他们巧妙地将话题引开恐惧，而恐惧却正在她的心中。也许，他们允许她时不时地提到恐惧，这样，安抚她的时候，他们也安抚了自己，之后就可以理所当然地把这个话题丢在脑后了；也许，各种各样的恐惧，她都不能幸免。他们跟小孩子一样，推来推去不愿走最前面，却回头嘲笑落在最后的；她把盘子推到一边，叹了口气。

西奥多拉对蒙博士说："今晚睡觉之前，我想把山庄的每一个角落都看个遍。省得躺在床上琢磨楼上楼下都是些什么。而且我们必须开几扇窗子，把门都打开，免得找个地方都得摸索着来。"

"贴一些标语，"路克建议，"上面画上箭头，写着'从这边走'。"

"或者'死角'。"艾琳娜说。

"还有'小心家具坠落'，"西奥多拉说。"我们来做吧！"她转头对路克说。

"首先得一起探索这栋房子。"艾琳娜可能说得太快，西奥多拉奇怪地看着她。"我可不想一个人留在阁楼里或者哪儿。"她不情愿地加上一句。

"没人要把你一个人留在那里。"西奥多拉说。

路克说："那么我建议，我们先把咖啡喝完，然后再一间房一间房地探索，找出一个对付这房子的办法，顺便把门都打开。我可不想继承一栋得靠贴标语来找路的房子。”

“我们要给每个房间都取个名字，”西奥多拉说，“假设我跟你说,路克,我会在第二好的休息室里跟你幽会——你怎么知道究竟上哪儿去找我呢？”

“你可以一直吹口哨，直到我找到你。”路克提议。

西奥多拉打了个寒战。“你听得到我吹口哨，也听得到我叫你，可是试了一扇又一扇门，却总也找不到对的那一扇；而我呢，在里面打转，找不到出来的路。”

“还没有吃的。”艾琳娜不友好地加了一句。

西奥多拉又看了她一眼，认同了这个说法。“还没有吃的。像嘉年华里的疯狂怪屋一样，每个房间都开着门，可以通向任何地方，可是你一靠近，就都关上了。我打赌这里还藏着一面可以让你变形的哈哈镜和一个会把你的裙子吹起来的通风管，说不定长长的走廊里还会有怪物冲到你面前狂笑——”她突然不吱声了，猛地拿起杯子，把咖啡都洒了出来。

“没有那么可怕，”蒙博士轻松地说，“事实上，一楼的布局我们可以叫做同心圆放射状；最中间就是我们昨天待过的活动室，四周围绕它的是各式各样的房间，比如台球室，还有一个阴暗的小房间，里面布满了玫瑰色的绸缎——”

“我和艾琳娜可以每天早上上那儿做针线活。”

“——在这些房间的周围——我把它们叫作内环房，因为它们无法直接通向室外；记得吗，这些房间都没有窗户——内环房外是外环房，包括休息室、书房、阳光房，还有——”

“打住，”西奥多拉说，“我还没从那个玫瑰色的绸缎里回过神来呢！”

“游廊环绕着整栋房子。休息室、阳光房和其中一间会客室里都有门通向游廊。还有一条走廊——”

“够了，够了，”西奥多拉一边笑，一边摇头，“真是个讨厌的破房子。”

餐厅的门开了，达利夫人站在门口，一只手拉着门，她面无表情地看着餐桌说：“我十点收拾餐桌。”

“早上好，达利夫人。”路克说道。

达利夫人的目光转向他，“我十点收拾餐桌。盘子要放回到碗柜里去，午饭的时候我再把它们拿出来。我一点钟摆午饭，但是要先把盘子放到碗柜里去。”

“当然，达利夫人，”蒙博士站起身，放下餐巾，问道，“大家都吃好了吗？”

西奥多拉故意在达利夫人的注视下举起杯子把最后一

滴咖啡喝干净了，然后用餐巾擦了擦嘴，坐回椅子中。“早餐做得真棒，”她问，“这些盘子都是山庄里的吗？”

“它们是碗柜里的。”达利夫人答道。

“还有这些玻璃杯、银器和亚麻桌布，也是吗？真是些可爱的旧物件。”

“亚麻桌布是餐厅抽屉里的，银器是银器箱里的，玻璃杯是碗柜里的。”

“我们在这儿真是麻烦您了。”西奥多拉说。

达利夫人没有答腔，沉默了一会儿说：“我十点收拾餐桌，一点摆午餐。”

西奥多拉笑着站了起来，“走走走，我们去把门都打开吧！”

他们先打开餐厅的门，用一把很重的椅子把它挡上了。下一间是游戏室；西奥多拉撞上的桌子就是那张低矮的嵌饰棋桌。“哼，我昨晚真不该把它不当回事。”蒙博士气愤地说。游戏室的一角有一张牌桌和几把椅子，还有一个放棋的柜子，里面有槌球和克里巴奇纸牌[①]的计分木板。

“真是个打发时光的好地方。”路克站在门口打量着

① 克里巴奇纸牌（Cribbage）：一种二人策略纸牌游戏。获胜规则是将手中牌，例如对牌、同花五张牌以及三张以上顺牌，点数相加得到61点或121点。玩家通过将小木钉插入排在木板上的小孔的方式计分。

这个昏暗的房间，说道。桌面的墨绿不情愿地映在壁炉的深色瓷砖上；木质嵌板上，是一系列狩猎的图案，却显得毫无生气；壁炉上，一只鹿头俯瞰着他们，表情窘迫。

“这就是他们休闲娱乐的地方，”西奥多拉的声音在高高的屋顶上形成了颤颤巍巍的回音，“那两个小女孩到这儿，可以放松一下被房子其他部分压抑的神经。”鹿头忧郁地俯视着她。“我们能把那个怪物拿下来吗？”

“我觉得它喜欢上你了，”路克说，“你进来之后它就没把眼睛从你身上挪开过。我们出去吧！”

走的时候，他们把门敞开，然后来到了大厅里，阳光透过外环房懒懒地洒到这里。蒙博士说：“等我们到了有窗户的房间，要记得把窗户打开；现在只能先把大门打开了。”

“你总惦记着那两个小孩，”艾琳娜对西奥多拉说，“我却忘不了那个姐姐找来的女伴，一个人在这些房间中穿行，还得担心有人藏在房子里。”

路克使劲把大门拉开，滚过来一个大花瓶抵住它；“多么新鲜的空气。”他宽慰地说。雨后温暖潮湿的青草味涌入大厅，有好一阵子他们就那么站在门口，呼吸着外面的空气。过了一会儿蒙博士说：“接下来要去一个你们意想不到的地方，”他打开大门旁的一扇小门，退后几步，微笑道，“书房，在塔楼里。”

“我不去！”艾琳娜说。她没想到自己会这么说，但她不能去。她向后退，一股夹杂着泥土和苔藓味儿的湿润空气向她袭来，让她不知所措。“我妈妈——”她不知道自己要说什么，只得紧紧贴在墙上。

“真的不去吗？”蒙博士问，好奇地看着她，“西奥多拉呢？”西奥多拉耸耸肩走进了书房；艾琳娜颤抖了。“路克呢？”蒙博士问，可路克已经在里面了。从艾琳娜站的地方，可以看见书房内一块弧形的墙壁，一条窄窄的铁楼梯盘旋向上，因为是在塔楼里，所以可能会一直向上、向上。艾琳娜闭上眼睛，听着蒙博士的声音渐渐远去，在书房的石墙上发出阵阵回声。.

“能看见上面阴影中的活板门吗？”是蒙博士的声音，“它通向一个小阳台，大家都认为那就是她上吊的地方——那个女伴，还记得吧？相当合适的一个地点；我得说，跟读书比起来，这个地方更适合自杀。人们认为她是把绳子系在铁栏杆上的，然后向前迈了——”

“够了，”西奥多拉在里面说，“我自己能想出来，谢谢你。要是我的话，我应该会把绳子系在游戏室的鹿头上，但我想她可能对塔楼有一些感情。多么应景的一个词啊，‘感情’，你们不觉得吗？”

“很精当，”这是路克的声音，音量大一些了；他们正从书房里出来，回到大厅里艾琳娜待的地方。“我要把这地方弄成一个夜总会。让乐队到阳台上去，舞女就从盘旋的楼梯上走下来，吧台就设在——”

“艾琳娜，”西奥多拉说，“你没事吧？那个地方太糟糕了，你待在这里是对的。”

艾琳娜靠在墙边；她两手冰凉，有一种想哭的冲动，她转过身去，背后蒙博士拿一摞书抵住了书房的门。“我可没打算在这里读多少书，”艾琳娜努力使自己的语气显得轻松，“尤其是沾上了书房的气味的书。”

“我怎么觉得没有什么气味，”蒙博士说，同时询问地看着路克，路克表示同意地摇了摇头。“奇怪，”蒙博士说，“不过这就是我们要找的东西。记下一笔，亲爱的，尽量写得准确一点。”

西奥多拉搞糊涂了。她站在走廊，回头看看身后的楼梯，又看看前面的大门。“这里有两个大门吗？”她问，“还是我弄混了？”

蒙博士笑了，他显然正等着这样的问题，“只有一个大门，这就是你昨天来时候的那个大门。”

西奥多拉皱起了眉头，“那为什么我和艾琳娜可以从卧室的窗户里看到塔楼呢？我们的房间是正对着山庄前面的，可是——”

蒙博士拍掌笑道，“让你发现了，聪明的西奥多拉。这就是我让你们白天看房子的原因。过来，坐在楼梯上，让我来告诉你们是怎么回事儿。”

大家听话地坐在了楼梯上，抬起头望着蒙博士。蒙博士又摆出他那副讲课的姿势，煞有介事地说道：“西林山庄一个最为奇特的地方就是它的设计——”

“嘉年华上的疯狂怪屋。”

“没错。你们有没有奇怪为什么我们很难在房子里找对路？一座正常的房子应该不会让我们四个人这么久都找不着北，可在这里我们却总是开错门，找不到想去的房间。连我都有点困难。”他叹口气，点头继续说道，“我敢说休·克雷恩预备这所房子将来有一天会成为供人观光的地方，像加利福尼亚州的温彻斯特鬼屋①和一些八角屋②一样；他自己设计的这所房子，记得吗？而且我告诉过你们，他是个怪人。房间里的每一个转角——”他指了指门廊——“每一个转角都有轻微的偏差。休·克

① 温彻斯特鬼屋（Winchester House）：位于美国加利福尼亚州的圣何塞，是一座非常庞大的建筑，很多荒诞怪异的传说都在这里产生。

② 八角屋（octagon houses）：十九世纪五十年代流行于美国和加拿大的房屋样式，通常呈八边形，屋顶平整，四周有游廊环绕。

雷恩肯定看不惯其他人和他们规规矩矩、四平八稳的房子，所以他按照自己的心性设计了西林山庄。你们所熟悉的角度，在这里都发生了这样或那样的偏差。比如，你们觉得你们坐着的楼梯一定是水平的，因为你们没想过还会有不水平的楼梯——”

他们不安地挪动起来，西奥多拉赶紧伸手抓住了一根栏杆，好像她快要掉下来了似的。

“事实上它们都轻微地倾斜于中轴；门廊也有一点偏离中心——这可能也是房门不用东西挡着就总是自己关上的原因；我今天早上还在想你们二位的脚步声会不会破坏了房门的平衡。于是这些所有的偏差加起来就导致房子整体的扭曲。西奥多拉从卧室的窗户里看不见塔楼是因为塔楼其实是在房子的一个角上，从她的窗户里是完全看不到的，尽管现在我们看来它好像就在她的窗户外面。而实际上西奥多拉的房间和我们现在所处的地方有 15 英尺的偏差。”

西奥多拉无助地摊开手：“天哪。”

“我明白了，”艾琳娜说，“是游廊的顶棚误导了我们。我从窗户外能看到游廊的顶棚，又因为我是直接进房子上的楼，我就以为大门就在正下方，没想到——”

“你只看到了游廊顶棚，”蒙博士接话道，“其实大门远着呢；在育婴室里大门和塔楼就都能看到，就是走廊尽头的那个大房间；我们一会儿会去看。那真是——”他声音一沉，“畸形建筑的典范。香波城堡[1]里的复式楼梯——”

“也就是说所有的东西都有一点歪喽？”西奥多拉有点不确定，“这就是为什么我们在里面总是晕头转向的原因？”

“等你回到真正的房子里会怎么样？”艾琳娜问，“我是说——好吧——一所真正的房子。”

“一定跟从船上下来的时候一样，”路克说，“在这里待久了你的平衡感就会被打破，要花很长时间才能摆脱晕船，或者说晕西林山庄。有没有可能？”他问蒙博士，“人们所说的超自然现象是否就是轻微失衡的结果？内耳控制平衡。”他自作聪明地告诉西奥多拉。

“某些方面肯定会有影响，”蒙博士接着说，“人们总是盲目地相信自己的理智和平衡感，疯狂地固守大脑所熟悉的模式，拒绝相信各种房子倾斜的证据。”他转过身来，“前方还有更精彩的等着我们。”大家跟着他走下楼

---

① 香波城堡（Chambord Castle）：坐落于法国巴黎，是卢瓦尔河谷所有城堡中最大、最宏伟的一个，迄今已有 500 多年的历史。

梯，兴奋地感受着脚下倾斜的地板。穿过窄窄的走廊，经过昨晚待过的活动室，把门开着，又来到了外环房里，从这里可以看到外面的游廊。他们拉开重重的褶皱窗帘，阳光从外面射入西林山庄。经过音乐室时，一架竖琴立在那里，琴弦纹丝不动。一架大钢琴紧紧地盖着琴盖，上面放着一个大烛台，蜡烛从未被点燃过。一张大理石面的桌子，上面摆了一个插着蜡花的玻璃瓶，椅子又细又不稳。音乐室外是阳光房，透过高大的落地窗，可以看见外面下雨了。柳条椅边，漫生着一片片蕨类植物。这里太过潮湿，他们赶紧离开，穿过一座拱门，来到休息室，不禁傻了眼。

“它不在那儿，”西奥多拉笑道，“我不相信它会在那儿。”她摇着头，“艾琳娜，你也看见了吗？”

“什么？”艾琳娜不太明白。

“我以为你们会喜欢呢！”蒙博士还有些得意。

一尊大理石雕像占据了休息室的一面；在淡紫色条纹壁纸和印花地毯的映衬下显得巨大、怪诞，更显得白得刺眼，裸露得过分；艾琳娜用手捂住眼睛，西奥多拉紧紧抓住她。“我觉得这雕像应该是水波中升起的维纳斯。”蒙博士说。

“我觉得不是，”路克回过神来，说道，“是治疗麻风病人的圣弗朗西斯。”

艾琳娜说："不是，这里面有一条龙。"

"你们说的都不对，"西奥多拉毫不客气地说，"是家庭雕像，你们这些傻瓜。由各个家庭成员组成。谁都能一眼就看出来，中间那个高高大大、赤身裸体——我的天哪——体格强壮的人，就是休·克雷恩，因为建了西林山庄而洋洋得意，旁边的两个仙女就是他的女儿了。右边那个好像在挥舞着玉米棒子的，是在讲她的诉讼，另外一个，在角落里比较小的，是姐姐的那个女伴，那边那个——"

"是达利夫人。"路克说。

"他们脚下像草一样的东西，应该是餐厅的地毯，就是长高了一点。你们注意过餐厅的地毯吗？看上去像一片干草，还有点扎脚的感觉。后面，华盖亭亭的像苹果树一样的东西，是……"

"家庭保护者的象征。"蒙太古博士说道。

"我真怕它会倒下来砸到我们，"艾琳娜说，"蒙博士，这个房子这么不平衡，它会不会真的倒下来啊？"

"就我读到的资料来看，这个雕塑是精心设计并以高价打造的，为的就是平衡它脚下的地板。不管怎么说，房子建好的时候它就在这儿了，现在都还没有倒。休·克雷恩可能很喜欢这个雕像，甚至觉得它很漂亮。"

"也有可能他想拿这个来吓唬孩子，"西奥多拉说，

“要是没有这个雕像这房间该多漂亮呀！”她开始旋转，摇摆。“简直就是一个舞厅，专门为穿着华服的女士准备的。这间房子的大小足够跳一支完整的乡村舞曲了。休·克雷恩，可以请你跳支舞吗？”她向雕像行屈膝礼道。

“我觉得他要答应了。”艾琳娜说着并下意识地向后退了一步。

“小心他踩到你的脚，”蒙博士笑道，“想想发生在唐璜身上的事吧！”

西奥多拉小心地碰了碰雕像，然后把指尖放在了其中一个人伸出的手上。“大理石总是出其不意，”她说，“永远跟你想象的感觉不一样。我还以为既然是真人大小的雕像，摸上去就会有肌肤的感觉呢！”她转过身，在昏暗的房间中独自起舞，还转身向雕像鞠躬。

“在房间的尽头，”蒙博士对艾琳娜和路克说，“窗帘下面，有一扇门通向游廊；等西奥多拉跳到发热，她应该会到凉快一点的地方去。”他穿过房间，拉开厚重的蓝色窗帘，打开了门。温暖的雨水气息又一次涌了进来，伴随着一阵轻风，就好像雕像有了呼吸，阳光也照到了彩色的墙上。

“房子里的东西都静止不动，”艾琳娜说，“可当你把目光移开时，眼角却总能瞥见些什么。瞧瞧架子上的那些小雕像，我们都背过身去的时候他们就在和西奥多拉一起跳舞。”

“我在动呀！”西奥多拉围着他们转圈。

路克说：“玻璃下的花，流苏。我开始喜欢这幢房子了。”

西奥多拉扯了扯艾琳娜的头发，说：“我们上游廊赛跑吧！”然后就冲到了门外。艾琳娜还没来得及想，就赶紧尾随其后，跑上了游廊。嬉笑中，艾琳娜在拐弯处发现了正准备藏到一扇门后的西奥多拉。进了这扇门，两个人都停了下来，喘着粗气。门内是厨房，达利夫人从洗碗池边转过身来，一言不发地看着她们。

“达利夫人，”西奥多拉礼貌地说，“我们在探索这栋房子。”

达利夫人抬眼看了看炉子上的钟，说道：“现在是十一点半，我——”

“一点摆午餐，”西奥多拉说，“我们想看看厨房，不知道可不可以。我们刚刚差不多把楼下的房间都转过了。”

达利夫人沉默了一会儿，扭过头去，算是默许了，然后转身径直穿过厨房，从另一扇门出去了。她开门的时候，她们看到了门后的楼梯，但达利夫人在上楼前关上了身后的门。西奥多拉伸长脖子望着关上的门，等了一会儿，说道：“我觉得达利夫人在心底对我还是挺温柔的，我真这么觉得。”

“我觉得她要去塔楼上吊了，”艾琳娜说，“我们来看看今天的午餐吧！”

“别乱动，”西奥多拉说，“你知道盘子应该放在碗柜里。你说这个女人真要给我们做蛋奶酪吗？这里有一个蛋奶酪的盘子，还有鸡蛋和奶酪——”

“真是个不错的厨房，”艾琳娜说，“我妈妈家的厨房总是又黑又挤，做出来的东西既不好吃也不好看。”

“那你自己的厨房呢？”西奥多拉心不在焉地问道，“你的那个小公寓里的厨房？艾琳娜，快来看看这几扇门。”

“我不会做蛋奶酪。”艾琳娜说。

“快看，艾琳娜。这里有一扇门通往游廊，还有一扇门外面是向下的楼梯——应该是去地下室的，我想——那边还有一扇也是去游廊的，还有她上楼的那扇门，那边还有——”

“也是去游廊的，”艾琳娜说道，打开了这扇门，“一个厨房里有三扇门都是去游廊的。”

“还有一扇门是通过储藏室到餐厅的。我们的达利夫人真喜欢门啊，不是吗？她完全可以——”她们的目光交汇了“——迅速到达任何想去的地方。”

艾琳娜突然转身，回到了游廊上。“我怀疑她是不是让达利给她多弄了几扇门。她怎么喜欢在这样的厨房工作，身后的门随时可能被别人打开。我在想，达利夫人会不会喜欢在厨房里见人，这样她想跑的话，不管从哪个方向都能逃脱。我在想——”

“快闭嘴吧，”西奥多拉温和地说，“谁不知道慌里慌张的厨子是做不出好的蛋奶酪的。她可能正在楼梯上偷听呢，我们开一扇门走吧！”

路克和蒙博士此刻正站在游廊上，俯视着草坪；大铁门靠得太近了，好像直逼这边而来。山庄后面，似乎就在正上方，山峦在雨中静默着。艾琳娜沿着游廊走着，心想她还从未见过围得这样严实的房子。就像一条紧紧的腰带，把游廊拿掉，房子会不会散架？她围着房子绕了一大圈，然后看见了塔楼。转过一个弯，它就在她面前拔地而起，来得几乎毫无预兆。塔楼由灰色的石头砌成，丑陋而坚固，紧紧地粘在山庄的木墙上，游廊也环绕着它。真难看，她想，然后想到如果哪一天房子烧毁了，塔楼应该还矗立在这里，在废墟上，让人悚然止步。可能还会有石头落在四周，猫头鹰和蝙蝠会到下面的书里做巢。从塔身一半开始有了窗户，在石头间开出狭长的口子。她不知道从上面往下看会是什么感觉，也不知道自己怎么就没能进到塔内。我永远不会从这些窗户往下看的，艾琳娜一边想象着塔内逼仄的铁楼梯一边下着决心。塔的顶端是圆椎形的木制屋顶，上面有一个木头做的塔尖。这要是放在其他房子上，肯定很可笑，但在西林山庄里就相当协调；它兴奋地等待着，等待着一个无足轻重的人儿从狭窄的窗户爬上倾斜的房顶，来到塔尖，把绳子扎牢……

“你会掉下去的。”路克喊道，艾琳娜回过神来；她不情愿地把目光从塔尖上移开，才发现自己正紧紧抓着栏杆，背靠着栏杆向外仰着。“在我迷人的西林山庄里，别太相信你的平衡感。”路克说道。艾琳娜深吸了一口气，忽然感到头晕，趔趄了一下。路克过来扶住她，她感到整个世界都在摇晃，树木和草坪似乎都向一边倾斜，天空也摇摇欲坠。

“艾琳娜？”这是西奥多拉的声音，她听到蒙博士从游廊上跑过来的脚步声。“这个该死的房子，”路克说，“你得时时刻刻盯着它才行。”

“艾琳娜？”蒙博士说。

“我没事，”艾琳娜说，使劲摇了摇脑袋，努力站稳。“我是想看看塔顶，结果弄得脑袋有点儿晕。”

“我来的时候她都快站到外边去了。”路克说。

“今天早上有一两次，”西奥多拉说，“我感觉自己像是在墙上走。”

“把她扶进去吧，”蒙博士说，“待在屋里会好一点儿。”

“我真的没事。”艾琳娜说，感觉非常丢人，她不让人扶，自己沿着游廊走到大门口，大门是关着的。“我记得我们把它打开了的。”她的声音有点颤抖，蒙博士从她身边走过，把大门再次推开。屋内，一切又恢复了原样，他们打开的门全都关上了；蒙博士把游戏室的房门打开时，他们发现那扇通往餐厅的门也关上了，他们拿来挡门的小板凳也已经回到了墙边。卧室、休息室、活动室、阳光房的窗户和门统统都关上了，窗帘也放了下来，黑暗重新笼罩着四周。

“肯定是达利夫人干的。”西奥多拉跟在路克和蒙博士后面说，他们正一个房间一个房间地开门、抵住、拉开窗帘，放入温暖潮湿的空气。“昨天就是这样，我们一出去她就把门都关上了，因为她喜欢由她来关门，不喜欢等着门自己去关，因为门应该关着，窗户应该关着，盘子应该在——”她开始傻笑。蒙博士看着她，眉头紧锁，面露愠色。

“达利夫人最好知道她的权限，”他说，“必要的话我会把这些门都打开，钉死。”他转向通往活动室的走廊，猛地把门推开。“生气也没用！”说着，又狠狠地给了门一脚。

“午餐前喝点雪利酒吧，”路克和颜悦色地说，“女士们，请。”

2

“达利夫人，”蒙博士放下叉子说，“蛋奶酪做得真棒。”

达利夫人看了他一眼，把空盘子拿到厨房去了。

蒙博士长舒一口气，活动活动肩膀，说道：“昨晚熬了夜，我今天下午得休息一下。”他转头对艾琳娜说，“你也是，躺上个把小时就会好很多。养成午睡的习惯应该对我们四个都有帮助。”

“好呀！”西奥多拉觉得好玩，“尽管我养成午睡的习惯，回去之后会显得很傻，但我可以告诉他们这也是我在西林山庄日程的一部分。”

“因为有的时候我们可能晚上睡不了好觉。”蒙博士说。一股寒意横扫餐桌，黯淡了银器的光芒和瓷器的色泽，餐厅笼罩上了一片乌云，这时达利夫人正好进来了。

“还有五分钟就两点了。”她说。

❸

艾琳娜没有午睡，她其实挺想睡的；但还是躺在西奥多拉的床上看她涂指甲，有一搭没一搭地聊天，不想让西奥多拉觉得她跟她到绿房间来是因为她不敢一个人待着。

“我喜欢打扮自己，”西奥多拉说，欢喜地看着自己的手，“我真想把全身都涂个遍。”

艾琳娜在床上舒舒服服地躺着。“涂成金的。”她说，根本不过脑子。睡眼蒙眬间，她看见一团鲜艳的色彩坐在地板上。

“指甲油，香水，浴盐，”西奥多拉如数家珍，“还有睫毛膏。你总也不用这些东西，艾琳娜？”

艾琳娜闭上眼睛，笑道：“没时间。”

西奥多拉以不容怀疑的口吻说，“这样，等我把你调教过来，你就会变成一个全新的人；我不喜欢和没有色彩的女人待在一起。”她笑了起来，让艾琳娜明白这不过是玩笑，然后说道，“我要给你的脚涂上红色的甲油。”

艾琳娜也笑了，把脚伸了出来。过了一会儿，在快要睡着了的时候，她突然感觉脚趾上有冰冰凉凉的刷子触碰的感觉，不禁哆嗦了一下。

“像你这样的名妓应该很受用侍女的服侍吧？”西奥多拉说，“你的脚真脏。”

艾琳娜一惊，赶紧坐起来看；她的脚确实很脏，趾甲已经涂上了鲜艳的红色。“太可怕了，”她对西奥多拉说，“这个颜色太邪恶了，”她想哭。可是后悔也晚了，她只得转而嘲笑西奥多拉脸上的表情。“我要去洗脚。”她说。

“不至于吧？”西奥多拉坐在床边的地板上，看着自己的脚。“你看，”她说，“我的脚也很脏，宝贝，真的。快看嘛。”

“反正我讨厌别人摆弄我。”艾琳娜说。

“你真是比我见过的人都要疯。”西奥多拉愉快地说。

“我讨厌这种感觉，”艾琳娜说，“我妈妈——”

“你妈妈看到你把脚趾涂成红色会很高兴的，”西奥多拉说，“可漂亮了。”

艾琳娜又看了看她的脚。“这颜色太邪恶了，”艾琳娜不自信地说，“我是说——在我的脚上不太合适。让我觉得我像个傻子似的。”

“那你就是又傻又邪恶了，”西奥多拉开始收拾她的各种装备了，“反正我不会把它弄下来的，我们看看路克和蒙博士会不会先看你的脚。”

“不管我说什么，被你一接茬儿就显得可傻了。”艾琳娜说。

“或者邪恶，”西奥多拉抬起头严肃地看着她，“我突然觉得，你应该回家，艾琳娜。”

她是在笑我吗？她是不是觉得我不适合待在这里？“我不想走，”西奥多拉说，她迅速地看了艾琳娜一眼，然后把目光移开，温柔地抚摸着艾琳娜的脚趾。“已经干了，”艾琳娜说，“我真傻，有那么一瞬间我好像被什么给吓到了。”艾琳娜站起来伸了个懒腰，“我们去找他俩吧。”

路克懒懒地靠在走廊的墙上，脑袋倚在一块废墟版画的金框上。“我一直把山庄当作我未来的财产，”他说，“现在这种想法尤其强烈；我不断告诉自己将来有一天它会归我所有，可我始终不明白为什么。”他指了指走廊的尽头，“我要是很喜欢门，或者镀金的钟、微雕，或者想要一个自己的土耳其绣枕，我倒是会把西林山庄当作我的理想豪宅。”

“这是座很漂亮的宅子，”蒙博士肯定地说，“它建成的时候人们肯定都说它漂亮。”他穿过大厅，来到曾经用作育婴室的大房间。“这里，我们可以从窗户里看到塔楼。”——从门口走进去时，他突然打了个寒战。他转过身疑惑地看着身后。“这里有穿堂风吗？”

“穿堂风？在西林山庄？”西奥多拉笑了，“除非你能让门一直开着。”

“你们一个一个到这里来。”蒙博士说。西奥多拉向前走去，经过门口时还做了个鬼脸。

“就像是墓穴之门一样，”她说，“不过房里倒是挺暖和。”

路克走过来，在寒冷的地方待了一会儿，然后赶紧走开了，艾琳娜紧随其后，发现寒冷一寸一寸地刺入她的肌骨。就像是穿过了一道冰墙，她想，然后问蒙博士，“这是什么？”

蒙博士欢快地拍掌说道：“你的绣枕要派上用场了，伙计。”他小心地伸出一只手，放在散发出寒气的地方。“他们肯定没法解释。像西奥多拉说的那样，这是墓穴的中心。波丽莱多里[①]的寒区也只是下降了十一度而已，这里我看要冷得多。这是山庄的心脏部位。”他得意地说。

西奥多拉和艾琳娜挨紧了一点儿；育婴室其实很温暖，散发着霉味，有点闷热，门口的寒区却那么的清晰可感，就像是一道屏障一样。窗外塔楼的灰色石墙几乎近在咫尺；屋内，光线昏暗，画在墙上的动物郁郁寡欢，和游戏室里的鹿头一样，好似一群困兽。育婴室比其他卧室要大，却有一种说不上来的荒废之感，艾琳娜觉得，即便像达利夫人这样勤谨的仆人，恐怕也不愿意往这里多跑一趟。

路克穿过寒区出来，检查起了大厅的地毯、墙面，四处拍拍打打，想找出这莫名凉意的来源。“不可能是穿堂风，”他抬起头看着蒙博士说，“除非这风是直接从北极吹来的。再说四周都密不透风。”

“不知道谁睡在育婴室里，”蒙博士另起了个话头，“你们说会不会孩子们走之后，他们就把这儿一直关起来了？”

“看。”路克指着上方。在走廊的两边，房门的上面，挂着两张龇着牙的笑脸；显然是用作育婴室入口的装饰，它们和房内墙纸上的动物一样，闷闷不乐。它们的眼神，凝固

---

① 波丽莱多里（Borley Rectory）：同第五章提到的巴勒欣山庄（Ballechin House）、格拉姆斯堡（Glamis Castle）一样都是有名的鬼屋。

在扭曲的笑容中，交汇在门口的寒区。“当你站在它们视线所及的范围内时，”路克解释道，“它们就会把你冻住。”

带着疑问，蒙博士也来到走廊，站到路克身旁，审视着上方。“别把我俩留在这儿，”西奥多拉叫道，往育婴室外跑，并把艾琳娜也推了出来，经过寒区的一刹那，迎面而来的寒气像是猛的一记耳光。“是个冰啤酒的好地方。”西奥多拉说，然后朝墙上的笑脸吐了吐舌头。

“我可得好好记下一笔。”蒙博士兴奋地说。

“它好像冷得不很客观，”艾琳娜说，她觉得自己都不知道自己在说什么。“我觉得它是故意的，好像就等着给我们点儿颜色看看。”

“我觉得是因为那两张脸，”蒙博士说，他正趴在地板上摸索，自言自语，“我需要量尺和温度计，再用粉笔画出界线；晚上会不会更凉？可能当你觉得有东西在看着你的时候，就越发觉得冷了。”最后这句话他是对艾琳娜说的。

路克走到寒区，哆嗦了一下，把育婴室的门关上了；他走过去的时候，跨了一大步，好像不接触地板就可以躲过这寒冷似的。房门关上后，他们才注意到大厅变暗了许多。西奥多拉不知疲倦地说：“我们下楼去活动室吧，我感到那些山都在逼近。”

“五点以后是鸡尾酒时间，”路克对蒙博士说，“今天能让我为您调一杯鸡尾酒了吗？”

“你的味美思酒放得太多了。”蒙博士说，回头看了两眼育婴室，依依不舍地跟着大家下了楼。

5

蒙博士放下餐巾，说，“我提议，我们把咖啡拿到活动室去喝，那儿的炉火太舒服了。”

西奥多拉咯咯笑了，“现在达利夫人不在，我们不如跑去把所有的门窗都打开，然后把所有的东西都从碗柜里拿出来——”

“她不在的时候房子似乎不一样了。”艾琳娜说。

“空一些了，”路克向她点头道，他正将咖啡摆上餐盘。蒙博士已经起身，锲而不舍地去开门，再抵上。“晚上我总是突然意识到我们四个在这儿挺孤立无援的。”

“要说做伴，达利夫人就算在也好不到哪里去，”艾琳娜低头看着餐桌说，“我和你们一样不喜欢达利夫人，只是我妈妈绝不会让我把乱成这样的桌子留到明天早上。”

“她要是想在天黑之前离开就只能明天早上再收拾，”西奥多拉漠不关心地说，“反正我是不会替她收的。”

“我们走了，留张脏桌子在这里不好。”

“反正你也没法把它们放到碗柜里正确的位置上去，而且她明天还得重做一遍，就为了把你的指印擦下去。”

“我就把这些银器先拿到洗碗池里泡上——”

“不行，”西奥多拉抓住她的手说，“你想一个人去那个厨房吗？那里有那么多门！”

“不想，”艾琳娜放下她收起的刀叉，“我还是不去了。”她不安地看着餐桌，看着皱皱巴巴的餐巾，看着路克那儿洒在桌上的酒，摇了摇头。“不知道妈妈会怎么说，哎。”

“来吧，”西奥多拉说，“他们给我们留着灯呢！”

活动室里的炉火烧得很旺，西奥多拉在咖啡碟旁坐下，路克从碗柜里拿出昨晚特意留下的白兰地。“我们一定要打起精神来，”他说，“蒙博士，今晚我还要向您挑战。”

晚餐前他们又把楼下的所有房间扫荡了一遍，找了几把舒服的椅子和几盏灯，现在活动室是山庄里当之无愧的最舒适的房间了。“西林山庄待我们真是不薄，”西奥多拉一边把咖啡递给艾琳娜一边说道，艾琳娜心怀感激地坐在了一把软软和和的椅子上。“艾琳娜不用洗脏盘子了，傍晚还有大家陪着，明天说不定又是个艳阳天。”

“我们应该搞个野餐。”艾琳娜说。

“我在西林山庄都快养成个懒猪了，”西奥多拉说道。

她坚持对西林山庄直呼其名让艾琳娜很不舒服。她就像是故意总要提它似的，艾琳娜想，为了告诉房子她知道它的名字，告诉它他们的位置；这不是逞能吗？“西林山庄，西林山庄，西林山庄，”西奥多拉轻声说道，朝艾琳娜笑着。

“既然你是个公主，”路克礼貌地对西奥多拉说，“不妨给我讲讲你们国家的政治状况。”

西奥多拉说：“动荡不安。我逃走是因为我父亲——当然啦，就是国王——非让我嫁给黑人麦克，他一直窥视着王位。我呢，自然一天都受不了这个人，成天戴着一只金耳环，还用鞭子打老婆。”

“真是个动荡的国家，”路克说，“你是怎么逃出来的呢？”

“我是坐在运干草的车里，装成挤奶工逃出来的。他们没想到要上那儿找我，然后我用自己在小木屋里伪造的证件过了境。”

“那黑人麦克岂不是要发动政变篡夺王位？”

“肯定啦！夺就夺呗！”

艾琳娜看着咖啡杯后的他俩，那感觉就像在牙医诊所里候诊一样，听其他病人开着不着边际的玩笑，都知道迟早要被牙医修理一番。她突然抬起头，看到蒙博士就在她旁边，不自信地笑了笑。

"有点紧张？"蒙博士问道，艾琳娜点点头。

"就是不知道接下来会发生什么。"她说。

"我也是，"蒙博士搬了一把椅子坐到她旁边，"你是不是感觉到有事——虽然还不知道是什么事——很快会发生？"

"嗯。好像周围一切都在蓄势待发。"

"不过他们，"蒙博士朝路克和西奥多拉那边点了点头，二人正聊得火热，"他们有他们的应对方式；我不知道它会把我们怎么着。一个月前我都不敢想，我们四个会坐在这里，在这所房子里。"艾琳娜注意到，蒙博士没有直呼其名。"我为此等了很久了。"他说。

"您觉得我们留在这里是对的？"

"对的？我觉得我们留在这里简直傻得要命。这样的氛围会让我们身上所有的缺陷和弱点都暴露出来，几天之内我们就会离心离德。只有一个办法，那就是逃走。起码它不会追着我们，对吧？感到有危险的时候我们可以离开，起码来去是自如的。而且，走得越快越好。"他不动声色地说。

"可是我们并非毫无准备，"艾琳娜说，"再说我们有四个人呢！"

"我已经跟路克和西奥多拉说过了。你得向我保证，一旦你觉得房子缠上你了，必须尽快离开。"

“我保证，”艾琳娜微笑着说。他想让我变得勇敢点，想到这儿，她很感激。“其实没什么大不了的，真的，我没问题。”

“一旦有必要，我会毫不犹豫地把你送走，”他站起身，“路克？女士们，我们要失陪了。”

蒙博士和路克，摆好棋盘，西奥多拉端着酒杯在屋子里闲逛，艾琳娜想，她的行动真像一只警觉的动物，只要空气里有一丝不安的气息，她就坐不住了；我们谁不紧张呢？“过来坐我旁边，”艾琳娜说，西奥多拉优雅地走了过来，落座时还转了圈。她坐在蒙博士刚刚搬来的椅子上，脑袋懒懒地靠着椅背。她多讨人喜欢啊，艾琳娜想，多么无忧无虑、甜美可爱啊。“你累了吗？”

西奥多拉转过头来，笑了，“就是有点等不及了。”

“我还说你看起来很轻松呢！”

“我刚才在想，我是什么时候走的？前天？我在想我怎么就离开家来了这里。我可能有点想家了。”

“这么快吗？”

“你知道想家的感觉吗？如果你的家是西林山庄你还会想它吗？那两个女孩被送走的时候会哭着要这所黑漆漆、阴森森的房子吗？”

“我从来没有出过远门，”艾琳娜措辞很小心，“所以可能从来也没想过家。”

“那现在呢？你不想你的那个小公寓吗？”

“也许吧，”艾琳娜望着炉火，“我住的时间太短，还没有真正感觉到它是我的。”

“我想要我自己的床。”西奥多拉说。艾琳娜想，她又开始耍小姐脾气了；每次她饿了或者累了或者无聊的时候脾气就会跟孩子似的。“我困了。”西奥多拉说。

“十一点都过了。”艾琳娜说，她扭过头去看那边的棋局时，蒙博士正发出一声胜利的叫声，路克在一旁笑着。

“怎么样，先生，”蒙博士说，“怎么样，先生。”

“我承认，您赢得光明磊落。”路克说，他把棋子收拾到盒子里，“我要带点白兰地上去喝，谁也别拦着我！让我睡个好觉，或者壮壮胆，不管什么理由吧！”蒙博士向西奥多拉和艾琳娜笑了笑，“我打算读会儿书再睡。”

“还是读《帕梅拉》吗？”艾琳娜问蒙博士。

“第二卷。我还有三卷要看，然后应该就要看《克拉瑞莎》[①]了。路克要是想借的话……”

“谢谢，不用，”路克赶紧说，“我有一箱子的悬疑

---

①《克拉瑞莎》（Clarissa）：塞缪尔·理查森的书信体小说。讲述了女主人公在追求美德的道路上屡屡被家庭阻挠的故事，是最长的英文小说之一。

小说。”

蒙博士环顾四周，“我瞧瞧，壁炉封上了，灯也关了。门就留着让达利夫人明天早上关吧！”

他们一个接一个，疲惫地爬上楼，关上身后的灯。“等一下，大家都有手电筒吗？”蒙博士问。大家点点头，迫不及待地想要逃脱袭上楼梯的黑暗，睡到柔软的床上。

“大家晚安。”艾琳娜说，打开了蓝房间的门。

“晚安。”路克说。

“晚安。”西奥多拉说。

“晚安。”蒙博士说，“睡个好觉。”

“来了，妈妈，来了，”艾琳娜说着，挣扎着起来开灯。“好了，我来了，”艾琳娜，她听见在喊她，艾琳娜。“来了，来了，”她不耐烦地叫道，“马上，这就来了。”

“艾琳娜？”

然后她突然想到：我在西林山庄。这个事实就像是猛烈的一击，让她彻底清醒过来，同时背后一阵凉意。

“怎么了？”她喊道，“怎么了，西奥多拉？”

“艾琳娜？我在这里。”

“来了。”没来得及开灯；她踢到了一个桌子，没想到声音这么大，然后跌跌撞撞地跑到浴室那里。那不是桌子撞倒的声音，她想；是我妈妈在捶墙。西奥多拉的房间很亮，她坐在床上，头发睡得有些乱了，眼睛因为突然惊醒睁得老大；我现在的样子应该跟她一样，艾琳娜想，然后说道，“我来了，什么声音？”——尽管醒后她就一直听到这个声音，可现在头一次听得这么真切。“什么声音？”她压低了音量。

她在西奥多拉的床尾轻轻坐下，奇怪她怎么还能这么镇静。来了，她想，终于来了。只是一点声音，可是冷，出奇的冷。是走廊上的声音，走廊尽头，育婴室的房门附近，出奇的冷，不是我妈妈在捶墙。

“有人在敲门。”西奥多拉的声音非常冷静。

“没事，远着呢，在走廊的那一头。路克和蒙博士可能已经去那儿看是怎么回事了。”一点也不像我妈在捶墙，我又做梦了。

“砰，砰。”西奥多拉说。

“砰！”艾琳娜说，笑了。我很镇静，但是真的好冷；那声音也不过就是门上的砰砰声，一个接一个；这就是我那么害怕的东西吗？“砰”这个字眼太合适了，听起来就像是孩子干的，不像是母亲在捶墙呼救，何况路克和蒙博士还在那儿呢；这就是人们说的砭人肌骨吗？这感觉太难受了，它从你的胃里开始折腾，然后一波一波地上上下下，像是什么活物。像是什么活物。是的。像是什么活物。

“西奥多拉，”她叫道，闭上眼睛，咬紧牙关，双臂抱着自己，“它来了。”

“只是一点声音而已，”西奥多拉说，然后挪到艾琳娜身边紧紧地贴着她，“有回声。”

艾琳娜想，这声音听起来异常沉闷，像是什么东西在拿铁壶、铁棍或者铁锤在撞门。它有节奏地撞了一分钟，声音突然柔和下来，然后又猛地撞击，似乎是从走廊尽头一个房门一个房门不紧不慢敲过来的。她好像听到了路克和蒙博士的声音，从下面什么地方远远地传来，她想，看来他们根本不在上面守着我们，然后又听到撞击声已经到了离她们很近的一扇门。

“也许它会接着敲走廊另一边的门，”西奥多拉轻声说道，艾琳娜觉得这个经历最奇怪的地方就在于西奥多拉竟然也在其中。“不，”西奥多拉说，她们听见撞门的声音到了走廊另一边。声音更大了，震耳欲聋，击打着她们旁边的一扇门（它在走廊里来来回回地走吗？它是光着脚走在地毯上的吗？它伸出一只手敲的门吗？），艾琳娜突然跳下床，跑到门边，紧紧地抓住门框。“走开，”她歇斯底里地喊道，“走开，走开！”

突然出现了一阵静默，艾琳娜脸贴在门上，心想，我做到了；它就是在找有人的房间。

寒冷向她们袭来，刺入她们的肌骨，淹没了整个房间。别人都会以为她们在这静默中睡得正香甜，艾琳娜突然转身，发现是西奥多拉的牙齿在打战，艾琳娜笑了。“你真是个孩子。”她说。

“我冷，”西奥多拉说，“冷得不行。”

“我也是。”艾琳娜拿起绿被子裹住西奥多拉，又把西奥多拉暖融融的浴袍拿来给她披上。“现在好些了吗？”

“路克在哪儿？蒙博士在哪儿？”

“我不知道。暖和点儿了吗？”

“没有。”西奥多拉颤抖着说。

“我一会儿就去走廊叫他们，你……”

那声音又响起来了，好像刚才它一直在聆听，在听她们的声音，听她们在说什么，听她们是谁，听她们有没有准备好，听她们害不害怕。声音来得太突然了，艾琳娜退到床边，西奥多拉吓得倒吸一口凉气，叫了出来，撞击声来自门的顶端，是她们够不着的高度，是路克和蒙博士也够不着的高度，砭人肌骨的寒冷从门外一波一波地向她们袭来。

艾琳娜僵在那里，看着房门。她不知道该干什么，但她知道她在思考，她不那么害怕了，起码没有她在最恐怖的噩梦中那样害怕。寒冷比撞击声更难对付；西奥多拉厚实的浴袍也无济于事，后背上还是像有冰冷的手指在抓挠。最好的办法，恐怕是走过去开门；这也符合蒙博士纯科学探索的精神。可是艾琳娜知道，即便她的脚能把她带到门边，她的手也不会伸向门把；她告诉自己没人能够握住那个把手；手不是用来干这个的，她告诉自己。她有一些颤抖，每一声撞击都让她退后一点，现在她僵在那里，因为那个声音渐渐消退了。“我要跟看门的说说暖气的问题，”西奥多拉在她身后说，“声音停了吗？”

“没有，”艾琳娜难受极了，“还没有。”

它发现她们了。既然艾琳娜不开门，它就要自己闯进去。艾琳娜说出声来，“我现在知道人们为什么会尖叫了，因为我也想尖叫。”西奥多拉说，“你叫我就叫。”说完笑了笑。艾琳娜赶紧回到床上，两个人抱在一起，在寂静中聆听。门框上传来轻微的敲打声，悉悉索索，像是想找一个缝隙钻进去，又像一只无形的手抚弄着门把。艾琳娜小声问，“锁上了吗？”西奥多拉点点头，然后突然睁大了眼睛，盯着连通两房的浴室。“我的也锁上了。”

艾琳娜在她耳边说道，西奥多拉才松了一口气。窸窣声在门框上移动，突然，又不知被什么激怒，撞击声又来了，艾琳娜和西奥多拉看见门框在震动，门都快从铰链上被扯下来了。

“你进不来的，”艾琳娜激动地说，又是一阵沉默，好像山庄在专心听她的话，在思考，被迫同意，于是又开始等待。一丝细微的笑声传来，接着又笑得几近癫狂，后来又低了下去，艾琳娜感到笑声在后背上翻滚，在山庄内游荡，然后她听到了路克和蒙博士的叫声，谢天谢地，终于结束了。

真正的寂静降临时，艾琳娜呼吸还有些不匀，动作也很僵硬。“我们刚刚就像两个走丢了的孩子一样抱在一起，”西奥多拉一边说，一遍把胳膊从艾琳娜的脖子上拿下来。“你穿的是我的浴袍。”

“我没找着我的。它真的走了吗？”

“今晚算是走了，”西奥多拉确定地说，“你感觉不到吗？现在不是暖和起来了吗？”

砭人肌骨的寒冷已经退去，只是艾琳娜看向门边时，还能感到后背上一阵寒意。她开始解浴袍上系得紧紧的结，说道：“惊吓的时候容易感到极度的寒冷。”

“我倒是感到极度的惊吓，”西奥多拉说，“路克和蒙博士来了。”外面走廊里，可以听到他们急切的交谈声，艾琳娜把西奥多拉的浴袍扔到床上说：“老天，别让他们再敲门了，再敲我就要死了。”然后跑回房拿了她自己的浴袍。她听见西奥多拉让他们等一下，然后跑去开门，接着传来路克让人愉快的声音，“怎么了，你怎么看上去跟见了鬼似的。”

艾琳娜回来了，她注意到路克和蒙博士都已经穿戴整齐，突然觉得这个主意不错：夜里要是再有那种刺骨的寒冷，她就穿着羊毛大衣和厚毛衣睡觉，她才不管达利夫人发现有客人穿着鞋在干净的床上睡觉会是什么反应呢！“那么，”艾琳娜说，“男士们住在鬼屋里感觉怎么样啊？”

“棒极了，”路克说，“让我有理由夜里爬起来喝杯酒。”他拿着白兰地酒瓶和酒杯，艾琳娜想他们可以组成一个小群体，他们四个，凌晨四点，坐在西奥多拉的房间喝白兰地。他们轻松愉快地交谈，偷偷交换着好奇的目光，暗暗揣测别人身上都发生了什么可怕的事，表情和姿势会不会泄露一些信息，会不会让软弱敲开毁灭的大门。

“我们在外面的时候这里发生了什么吗？”蒙博士问。

艾琳娜和西奥多拉相视而笑，终于坦诚相对，不再歇斯底里、惊恐万分了。过了一会儿西奥多拉谨慎地说：“也没什么，就是有人用炮弹敲门，想进来把我们吃掉，我们不开门它就开始狂笑。其实也没有什么稀奇的。”

艾琳娜觉得有些蹊跷，过去把门打开。“我以为整个门都快碎了呢，”她疑惑地说，“怎么这上面一点划痕都没有，别的门也是，都完好无损。”

“还好它没有损坏这些木工，”西奥多拉一边说，一边把酒杯递给路克斟满，“我可不愿意让这所老房子受伤。”她朝艾琳娜坏笑道，“娜娜都快叫出来了。”

“你也是。”

“才没有呢！我那么说只是为了陪你。再说了，达利夫人已经说了她不会来的。那会儿你们在哪儿，我们的勇士们？”

“我们在追一条狗，”路克说，“反正是一只像狗的动物。”他停顿了一会儿，然后不情愿地说道，“我们跟到外面去了。”

西奥多拉瞪大了眼睛，艾琳娜说，“你的意思是，它本来在里面？”

“我看见它从我门口跑过去，”蒙博士说，“就那么一晃就过去了。我就把路克叫醒追着它下了楼，到了花园里，后来在房子后面的什么地方就跟丢了。”

“大门是开着的？”

“没有，”路克说，“大门是关着的。别的门也都关着。我们检查过。”

“我们转悠了很久，”蒙博士说，“压根没想到你们竟然醒着，直到听见你们的声音。”他表情凝重，“有一件事我们没有想到。”

大家迷惑地看着蒙博士，他伸出手指，又讲课似的开始解释：“首先，显然我和路克比你们先被吵醒；我们上上下下、里里外外转了两个多小时，最后无功而返。其次，我们俩都没有——”他求证地瞟了一眼路克——“都没有听到你们这里有什么声音，除了后来听到你们说话的声音以外，四周非常安静。也就是说，你们这里撞门的声音我们是听不到的。等我们放弃追赶、上楼的时候，肯定赶跑了你们门外的那个东西。现在，我们坐在一起，一切都很安静。”

“我没听明白你说的是什么意思。”西奥多拉皱着眉头说。

“我们必须采取措施。”蒙博士说。

“为什么采取措施？采取什么措施？”

“当我和路克出了房子，而你们被关在里面，难道不像……”蒙博士压低了声音，“难道不像，是想把我们分开吗？”

第五章

❶

明亮的阳光让蓝房间也多了一丝生气，艾琳娜看着镜中的自己，心想，这是我在西林山庄的第二个早晨，而且我现在心情大好。眷侣相会，旅途方终；我度过了一个充实的夜晚，我撒了谎、犯了傻，那时的气氛像酒一样醉人。我快被吓破了胆，却也从中找到了一点乐趣；这一刻我等得太久了。 她终于不再笃信，证明幸福的方式就是挥霍幸福。她对着镜中的自己微笑，悄悄告诉自己，你很幸福，艾琳娜，你终于找到了一点属于自己的幸福。她从镜中移开视线，漫无边际地想着，眷侣相会，旅途方终，旅途方终。

“路克？”西奥多拉在走廊里叫，“你昨晚拿走了我的一只袜子，你这个小偷，最好达利夫人也能听见。”

艾琳娜听见路克遥远的回答；他说绅士有权利保留淑女对他的馈赠，并且他确信达利夫人每个字都听到了。

“艾琳娜？”西奥多拉敲着连接两个房间的门，“你醒了吗？我能进来吗？”

“进来吧！”艾琳娜打量着镜子中自己的脸庞，说道。你就该这么幸福，她告诉自己，这是你花了半辈子挣来的。西奥多拉推开门，欢快地说道：“你今天真漂亮，娜娜。看来这里的生活让你很受用。”

艾琳娜朝她笑了笑；显然西奥多拉也很受用这里的生活。

“我们本来应该戴着黑眼圈，个个失魂落魄的，”西奥多拉说着，搂着艾琳娜的肩膀，望着镜子里的她俩，“可瞧瞧我们——两个活力四射的小可爱。”

“我都三十四了。”艾琳娜说，不知道出于怎样的防备心理而多加了两岁。

“但你看上去只有十四，”西奥多拉说，“来吧，我们给自己挣来了一份早餐。”

她们笑着跑下楼梯，穿过游戏室，来到餐厅。路克表情明媚地说：“早上好，睡得怎么样？”

艾琳娜说："好极了，跟个婴儿似的，谢谢你。"

"我好像听到一点声音，"西奥多拉说，"但是这么老的房子，发出声音也是常有的事。蒙博士，我们今天早上干什么？"

"嗯？"蒙博士应声抬起头。他显得很疲惫，眼里却闪烁着和他们一样的光；是兴奋，艾琳娜想，我们都很开心。

"像巴勒欣山庄、波丽莱多里、格拉姆斯堡这样的鬼宅，"蒙博士品咂着自己的话，"能够亲自体验一次，真是不可思议。给我来点橘子酱吧，非常感谢。我夫人是怎么也不会相信的。吃饭都更香了，你们不觉得吗？"

"我正在想，不单是达利夫人做得更好了的缘故。"路克说。

艾琳娜说："我在努力回忆，我是指，昨晚的事。我知道我那时候很害怕，可究竟是怎么个害怕法我却记不得了——"

"我记得那种寒冷。"西奥多拉说着，打了个寒战。

"我想可能是因为它跟我所熟悉的思维方式太不搭界了；我是说，完全没道理呀！"艾琳娜说完，有点尴尬地笑了。

"我同意，"路克说，"我今天早晨还在告诉自己昨晚发生了什么；跟做噩梦正好相反，这次你得不断告诉自己那些事真的发生了。”

“我觉得很刺激。”西奥多拉说。

蒙博士竖起手指以示警告：“依然很有可能是地下水在作怪。”

“那应该多盖点房子在秘密温泉上。”西奥多拉说。

蒙博士皱着眉头说：“这种兴奋让我很困惑。毋庸置疑，它很诱人，但会不会也很危险？西林山庄的这种氛围，这会不会是我们——怎么说呢——是我们中了魔咒的第一个表现？”

“那我就是被施了魔法的公主了。”西奥多拉说。

“可是，”路克说，“如果昨晚见识的就是西林山庄的所有招数，那我们也没多少麻烦；我们确实被吓着了，那过程也确实很不舒服，但是我想不起来有什么生命危险；尽管西奥多拉说她感觉门外的那个东西像要进来把她吃了似的。”

“我明白她的意思，”艾琳娜说，“换作我也会用这个词。那感觉就像是它要吞了我们，把我们吃进去，变成房子的一部分一样——哦，天哪！我以为我知道自己在说什么呢，没想到还是说得乱七八糟。”

“不存在生命危险，”蒙博士表示同意地说，“历史上从来没有一个鬼怪真正伤害到人，所谓的伤害都是人们自身造成的。甚至我们都不能说是那些鬼怪袭击了人们的精神，因为精神、意志、思维，都是无形的；我们的理智是一点都不相信有鬼的。即使在经历了昨天的事情之后，我们中也不会有人在提到‘鬼’这个字眼的时候没有一丝不自觉的微笑。灵异现象给人的威胁就在于它会袭击人们大脑中最脆弱的地方，我们放弃对迷信的抵抗的地方。没有人会真的觉得昨天穿过花园的是只鬼，或者是鬼在一个劲儿地敲门，但昨晚西林山庄确实发生了一些事，于是大脑本能的庇护机制——自我怀疑——就失效了。我们总不能说，‘这些都是我想出来的’，因为其他三人也都在场。”

“我可以说，”艾琳娜笑着插嘴道，“‘你们三个都是我想出来的，没有一个是真的。’”

“我要真觉得你是这么想的，”蒙博士严肃地说，“今天早上就会让你离开西林山庄了。这种想法太危险，会将你置于西林山庄疯癫的怀抱之中。”

“他是说那样的话他就会觉得你疯了，娜娜亲爱的。”

“好吧，”艾琳娜说，“我觉得我也快了。我要是与西林山庄为伍，与你们为敌，你们也确实该把我送走了。”为什么是我，为什么是我？难道我是公知，总得由我把他们不愿承认的话说出来？难道我是最软弱的，比西奥多拉还软弱吗？在我们几个当中，我肯定是最不可能与他人为敌的那一个。

“促狭鬼又是另一回事，”蒙博士说，他看了一眼艾琳娜，“它们完全待在现实世界中，扔石头呀，挪东西呀，摔盘子呀；波丽莱多里的福斯特夫人一向隐忍，可是当她最好的茶壶被扔出窗外时，她终于控制不住了。促狭鬼处在灵异现象的最底层，它们确实有破坏性，但都是无心的，它们只是一群没有目的的游魂而已。”蒙博士微笑着问道：“你们还记得奥斯卡·王尔德的爱情故事《坎特维尔城堡的幽灵》吗？”

“讲的是一个美国家庭怎么彻底击败一个英国幽灵的。”西奥多拉说道。

“不错。我一直很认同这个英国幽灵就是促狭鬼的说法；有它们在场，其他的灵异现象都黯然失色了。坏鬼总是会逼走好鬼。”蒙博士高兴地拍掌道。“什么都会被他们逼走，”他补充道，“苏格兰有一座宅邸，里面住了好些促狭鬼，结果有一次一天之内房子就自燃了十七次；促狭鬼喜欢把床整个掀翻，把人从床上赶走。我还记得有一个部长，成天被促狭鬼拿教堂里偷来的赞美诗集砸脑袋，最后不得不搬了家。”

突然，毫无缘由地，艾琳娜体内响起一阵笑声；她想跑到主人席去拥抱蒙博士，她想在草坪上旋转、咏叹，她想歌唱，想叫喊，想抬起胳膊，在西林山庄的房间里翩翩起舞，画出一个又一个美丽、圆润的弧形；我在这里，我在这里，她想。她兴奋地闭上眼睛，然后乖巧地问蒙博士："我们今天干什么？"

"你们还跟一群孩子似的，"蒙博士笑道，"总是问我今天干什么。不能自己玩会儿玩具吗？或者做会儿游戏？我今天有正事要做。"

"我最想做的，"西奥多拉咯咯笑道，"是从那个栏杆的扶手上滑下去。"她跟艾琳娜一样，也兴奋得不行。

"我们来玩捉迷藏吧。"路克说。

"别总是一个人乱逛，"蒙博士说，"我也说不好为什么，但就是觉得不太好。"

"因为树林里有熊。"西奥多拉说。

"阁楼上有老虎。"艾琳娜说。

"塔楼里有个老巫婆，会客室里有条龙。"

"我是认真的，"蒙博士说着，自己也笑了。

"十点了。我十点——"

"早上好，达利夫人。"蒙博士说，艾琳娜、西奥多拉和路克靠在椅背上笑个不停。

"我十点收拾桌子。"

"不会让您久等的。再过一刻钟，好不好，然后您再收拾。”

“我十点收拾早餐桌。一点摆午餐。六点摆晚餐。现在十点了。”

“达利夫人，”蒙博士摆出一副严肃的面孔，但看到路克脸上憋着的笑，便拿起餐巾挡住眼睛，放弃了争取。“您收拾吧！达利夫人。”他结结巴巴地说。

他们的欢声笑语在西林山庄的大厅里回荡，惊动了休息室里的大理石雕像，响彻楼上的育婴室，抵达塔楼的尖顶，也来到了他们的活动室，降落在一把把椅子里。“我们不能开达利夫人的玩笑，”蒙博士一面说着，一面还把脸埋在手里偷笑，肩膀止不住地抖动。

他们笑了好一会儿，有一搭没一搭地说着话，胡乱地打着手势，他们的笑声快把西林山庄的房顶都掀翻，后来他们肚子都笑疼了，一个个瘫在椅子里，筋疲力尽，望着对方。“好了——”蒙博士刚开口，就被西奥多拉爆发出的一阵咯咯声打断了。

“够了！”蒙博士又说道，语气严厉了些，大家都安静了下来。“我想再来点咖啡，”他眼巴巴地说，“你们想要吗？”

“您是说直接去厨房找达利夫人要？”艾琳娜问。

“在一点或者六点以外的时间跑去找她要咖啡？”西

奥多拉不敢相信。

“就算是吧，”蒙博士说，“路克，好孩子，我发现达利夫人比较喜欢你——”

“我就奇怪，”路克忍俊不禁，“您是怎么发现这么不靠谱的事情的？达利夫人对我的厌恶就像对碗柜上没放对位置的盘子的厌恶一样，在达利夫人眼中——”

“你呢，毕竟是山庄的继承人，”蒙博士哄劝道，“达利夫人对你的感情应该就像老家仆对新主人的感情一样。”

“在达利夫人眼里我连一个掉在地上的叉子都不如。求您了，您要是想找那个老顽固要点东西，让西西去，或者我们可爱的娜娜，她们不怕。”

“不行，”西奥多拉说，“不能派一个手无缚鸡之力的姑娘家去面对达利夫人。娜娜和我应该受到保护，而不是替你们这些胆小鬼冲锋陷阵。”

“那让蒙博士——”

“不可能，”蒙博士断然拒绝，“你不会想让我这个老头去吧？再说，你知道她更青睐你。”

“没人性，”路克说，“为了一杯咖啡就把我出卖了。丑话说在前头，你们要是因此失去了你们的路克，可不要太震惊，说不定达利夫人还没吃上午的点心，正想来点路克里脊肉呢，我要是没回来，”他在蒙博士的鼻子底下做了一个警告的手势，“你们吃午饭的时候可得留点儿神。”他夸张地鞠了个躬，鼓足了勇气，关门出去了。

“可爱的路克。”西奥多拉伸了个大大的懒腰。

“可爱的西林山庄，”艾琳娜说，“西西，旁边的花园里有一个温室，里面的花都开了；我昨天看到的。今天早上去那儿探索探索吧？”

“好啊，”西奥多拉说，“我可不想漏掉西林山庄里的任何一个地方。今天天气这么好，待在屋里太亏了。”

“我们也叫上路克，”艾琳娜说，“您去吗，蒙博士？”

“我的记录——”蒙博士刚开口，门就开了，艾琳娜还以为路克压根没敢去见达利夫人，只是在门外待了一会儿；然后她看见了他苍白的脸，听见了蒙博士愠怒的声音，“我打破了自己定的第一条规矩，我让他一个人去了。”她赶紧问道，“路克？路克？”

“我没事，”路克居然笑了，“你们来看看这条长廊。”

他们被他的脸色、声音和笑容吓到了，乖乖地跟着他出门，来到了通往前厅的黑漆漆的长廊。“就是这里。”路克说，然后点燃一根火柴，照亮了墙壁。这时，一阵恶心向艾琳娜袭来。

“这是——写上去的吗？”艾琳娜问，凑近了一点儿。

“是的，”路克说，“我回来的时候才看到。达利夫人拒绝了。”他补充道，声音发紧。

“我有手电筒。”蒙博士从口袋里拿出手电筒，从一端慢慢地移到另一端，在灯光下，每一个字都清晰地显现出来。“粉笔，”蒙博士说，他向前一步用指尖碰了碰这些字，“是用粉笔写的。”

艾琳娜想，字迹歪歪扭扭，看上去就像是坏孩子写在围墙上的那种。可它却那么的真实，在走廊厚厚的墙壁上画出断断续续的线条。字迹占满了整条走廊，大得即使退到墙边，也没法一览无余。

“写的什么？”路克轻声问道，蒙博士移动着手电筒，缓缓念道：“帮艾琳娜回家。”

“不。”艾琳娜感觉她的话哽在了喉咙里；蒙博士念出来的时候，她看到了自己的名字。是我，她想。是我的名字，那么清晰地出现在那里；我不应该出现在这所房子的墙上。“把它擦掉，拜托了，”她说，她感觉西奥多拉的胳膊揽住了她的肩膀。“这太可怕了。”艾琳娜手足无措。

“确实，”西奥多拉冷静地说道，“到活动室里去吧，娜娜，先坐一会儿。路克会想办法把它擦掉的。”

“可是这太可怕了，”艾琳娜说，还伸着脖子回头看墙上的名字，“为什么——”

蒙博士强行把她拉到活动室内，关上了身后的门；路克也开始用手帕擦除墙上的字。“现在听我说，”蒙博士对艾琳娜说，“就因为你的名字——”

“就是这样，”艾琳娜盯着蒙博士，“它知道我的名字，是不是？它知道的是我的名字。”

“闭嘴吧，行吗？”西奥多拉使劲摇着她，“它可能会说我们中的任何一个，所有人的名字它都知道。”

“是你写的吗？”艾琳娜转向西奥多拉，“求求你告诉我——我不会生气或者怎么样的，只不过这样我就可以知道——或许这只是个玩笑？为了吓唬我？”她用祈求的眼光看着蒙博士。

“你知道不是我们写的。”蒙博士说。

路克进来了，用手帕擦着手，艾琳娜满怀希望地看着路克。“路克，”她说，“是你写的，对不对？你趁出去的时候写的？”

路克看着她，然后坐到了她椅子的扶手上。“听着，”他说，“你想让我到处写你的名字吗？把你的名字刻在树上？在小纸片上写下‘艾琳娜，艾琳娜’？”他轻轻地摸了摸她的头发，“我还没那么神经，别傻了。”

“那为什么是我？”艾琳娜说，她一个一个地看着大家；我被单拎出来了，她绝望地想，我是被挑出来的那一个。紧接着她用祈求的语气问道，“我做什么很引人注意的事了吗？比别人都出格的事？”

“没有，亲爱的。”西奥多拉说。她靠在壁炉台上，敲着手指，向艾琳娜抛去了一个明媚的微笑，“说不定是你自己写的。”

艾琳娜被激怒了，几乎是咆哮着说道：“你觉得我想让这愚蠢的房子上到处都写着我的名字吗？你觉得我喜欢成为大家关注的焦点吗？我不是被惯坏了的孩子——我不喜欢被单拎出来——”

“你不觉得这是在寻求帮助吗？”西奥多拉轻快地说，“也许是那个女伴的幽灵终于找到了发声的方式。或许她就是在等一个无趣又胆小的——”

“或许它之所以写我的名字是因为从一毛不拔的你那儿得不到任何帮助；或许比起你，我更能同情和理解她的处境——”

“当然,也有可能是你写给自己的。”西奥多拉又说道。

路克和蒙博士遵照着“非礼勿听，非礼勿言”的礼数规则，自觉地退出了争吵，一声不吭地站在一旁；最后，路克终于开口说话了。“够了，艾琳娜。”他呵斥道。艾琳娜猛地转过身，气得直跺脚：“你怎么这样？你怎么这样？”她气得说不出话来。

蒙博士笑了，艾琳娜看看他又看看路克，路克也笑着看着她。我怎么了？她想。然后她突然明白过来——他们觉得西奥多拉是故意这么说的，好让我不那么害怕；真丢人，被他们这样摆布。她把脸埋在手里坐了下来。

“娜娜，亲爱的，”西奥多拉说，“真对不起。”

我得说点什么，艾琳娜对自己说；我得让他们知道我玩得起，也输得起；让他们觉得我也很愧疚。“应该我说对不起，”她说，“我被吓到了。”

“这很正常，”蒙博士说。艾琳娜想，他多傻呀，多容易被看透啊；什么话他都信。他甚至相信西奥多拉这么一激我，我就不害怕了。她朝他笑了笑，心想，我算明白了。

“我真以为你快要尖叫了，”西奥多拉说着，过来跪坐在艾琳娜的椅子旁，“换作是我，我肯定就叫了。我们怎么会让你崩溃呢？”

西奥多拉以外，怎么会有第二个人成为舞台的中心呢？艾琳娜想，要是我出局了，她才不会陪我呢！艾琳娜伸出手拍拍西奥多拉的头说道：“谢谢你，我刚才情绪确实有点不稳定。”

“我以为你们俩快要干架了呢，”路克说，“后来我才弄明白西奥多拉在干什么。”

艾琳娜微笑地看着西奥多拉明亮愉快的眼睛，心想，西奥多拉才不是想激我呢！

2

西林山庄里的日子缓缓流过。艾琳娜、西奥多拉、路克和蒙博士，保持警觉，远离恐惧，在群山的包裹中，稳稳地坐享山庄温暖而阴暗的奢华。他们有幸度过了平静的一天一夜——恐怕，还有些无聊了。他们还是一块儿吃饭，达利夫人的饭菜始终那么可口。他们一块儿聊天，下棋；蒙博士已经看完了《帕梅拉》，开始看《查尔斯·格兰迪森爵士的历史》。他们偶尔也会需要点私人空间，就在自己房间单独待上几个小时。西奥多拉、艾琳娜和路克探索了山庄后枝蔓交缠的灌木丛，找到了温室，而蒙博士则坐在他们视线可及的草坪上做着笔记。他们发现了一个带围墙的玫瑰花园，里面长满了杂草，还有一个达利夫妇精心打理的蔬菜园。他们也常常说起去溪边野餐的事。温室旁长着野草莓，西奥多拉、艾琳娜和路克用手帕包了一捧回来放在蒙博士身边，坐下一起品尝，草莓汁沾的满手满嘴都是。蒙博士从笔记中抬起头看着他们，说他们跟孩子似的。每个人都写了他们目前在西林山庄里的所见所闻——马马虎虎，也没太在意细节，蒙博士把这些东西都装在了他的公文包里。第二天早上，也是他们在西林山庄的第三个早晨，博士在路克的帮助下，花了整整一个小时，用粉笔和量尺在楼上测量寒区精确的位置，艾琳娜和西奥多拉则盘腿坐在地上，一边玩井字棋一边记下蒙博士测出的数据。蒙博士的测量工作进展十分缓慢，因为他的手太冷了，根本没法长时间拿住粉笔或量尺。路克在门内，可以拿住量尺的一端，可是当他的手移动到寒区时，也只能无可奈何地松开了。扔在寒区中心的那个温度计，拒绝显示任何变化，顽固地坚称这里的温度跟其他地方一样。蒙博士尽量准确地描述了这块寒区，并在笔记本上做了详细的记录，然后带他们下楼吃了午餐，并向他们下了战书，要他们在阴凉的午后和他一起打槌球。

“花上一个大好的早晨研究地板上的一块寒区实在是太不值当了，”蒙博士解释道，“我们应该多花点儿时间在室外活动……”他们大笑起来，他还有点不解。

“别处还有一个世界吗？”艾琳娜不禁有些怀疑。达利夫人给他们做了蜜桃酥，她看着自己的盘子说道，“我知道达利夫人每天晚上都去了一个别的地方，早上再带回来浓奶油，达利每天下午也会带一些东西过来，但是除此以外，我已经记不起来还有另外一个世界了。”

“我们是在一座孤岛上。”路克说。

“我想象不出西林山庄以外的世界。”艾琳娜说。

“也许，”西奥多拉说，“我们应该过一天就在棍子上刻一道，或者多放一颗石子，这样就知道我们与世隔绝多少天了。”

“没有外界的音讯多好呀，”路克拿了一大块搅打奶油，“没有书信，没有报纸，什么都有可能发生。”

“可惜——”蒙博士顿了一顿，“不好意思，我们就要收到外界的音讯了，当然这也没什么好可惜的。我夫人星期六就要来了。”

“星期六是哪天？”路克说，“当然啦，很高兴能见到蒙太古夫人。”

“后天，”蒙博士想了想，说道，“是的，我想后天应该就是星期六了。到了那天我们就知道是星期六了，”他朝他们眨了眨眼，“因为那天蒙夫人会来。”

“希望她对夜里的奇遇没抱太大希望，”西奥多拉说，“西林山庄只怕早已经黔驴技穷了。不过说不定还会有一连串的灵异现象等着她呢！”

“蒙夫人肯定甘之如饴。”蒙博士说。

“搞不懂，”西奥多拉在达利夫人警觉的注视下，离开餐桌对艾琳娜说，“为什么一切都变得这么安静。这种等待真是烦人，比有事发生还要讨厌。”

“在等待的不是我们，”艾琳娜说，“是这所房子。我感觉它在等待时机。”

“等到我们都放下戒心，它就该跳起来了。”

“我不知道它会等多久。”艾琳娜哆嗦了一下，爬上楼梯。“我都忍不住想给我姐姐写封信了，告诉她——‘在老宅子里的时光非常美妙……’”

“‘你明年真该把一家人都带来玩玩，’”西奥多拉接道，“‘我们晚上还盖着毯子睡觉……’”

“‘空气让人心旷神怡，尤其是楼上的走廊里……’”

“‘每一天都庆幸能活着……’”

“‘每一分钟都有事情发生……’”

“‘文明似乎遥不可及……’”

艾琳娜笑了。她已经上了楼，在西奥多拉的前面。今天下午黑漆漆的走廊上有了些光亮，因为他们把育婴室的门打开了，阳光从塔楼边的窗户照射进来，抚摸着蒙博士放在地上的量尺和粉笔。楼梯口污迹斑斑的窗户上反射着阳光，在走廊上留下黄的橙的绿的影子。艾琳娜说：“我要去睡觉了，我这辈子从没有这么懒过。”

“我要躺在床上，做个有街车的梦。”

艾琳娜养成了习惯，总是在房门口迟疑一阵，四下看看再进屋去；她对自己说这是因为房间太蓝了，要过一会儿才能适应。进门之后窗子总是关着的，她就径直去开窗；今天她正要去开窗，就听见西奥多拉那边的门砰地关上，同时听到西奥多拉叫道，“艾琳娜！”艾琳娜赶紧出去跑到西奥多拉的门口，站在西奥多拉身后，惊恐万分。“怎么了？”她低声问道。

“你觉得呢？”西奥多拉的声音突然提高了八度。“你觉得呢，你这蠢货？”

她竟敢这么说我，我绝不会原谅她；虽然还没搞清楚情况，但艾琳娜已经下了决心。“看着像是画上去的，”她迟疑地说，“只不过……”——她突然意识到——“只不过气味很难闻。”

“是血。”西奥多拉斩钉截铁地说。她抓着门，被门带的晃了一下，她瞪大了眼睛说：“是血，到处都是。你看见了吗？”

“我当然看见了。而且不是到处都是。别这么大惊小怪的。”尽管她知道西奥多拉根本算不上大惊小怪。总有一天，艾琳娜想，得有个人抓着她的脑袋把她狠狠甩出去，但愿这个人不是我，我已经在努力克制这种冲动了……想到这里，艾琳娜一阵发凉，她问：“墙上还写着什么吗？”她听见西奥多拉疯狂的笑声，心想，可能还是得由我来做，可是我不敢。我得镇静一点。她闭上眼，自己在心里默念，驻足聆听，真爱已降，高歌咏叹，浅斟低唱；窈窕淑女，毋再漂泊，眷侣相会，旅途方终……

“确实，亲爱的，”西奥多拉说，“我不知道你怎么这么镇静。”

哲人之子，深谙此道。“别犯傻，”艾琳娜说，“快叫路克和蒙博士来。”

“叫他们干什么？”西奥多拉说，“难道这不应该是给我的小惊喜吗？一个只属于我们俩的秘密？”她推开艾琳娜，跑到衣柜前拉开柜门，立马毫不掩饰地号哭起来。“我的衣服，”她叫道，“我的衣服。”

艾琳娜不慌不忙地转身来到楼梯边。“路克，”她俯身扒着栏杆，叫道。“蒙博士。”她的声音不大，努力显得平静，可还是听到蒙博士的书掉到地上和两个人咚咚跑上楼的脚步声。她看着他们惊慌的脸，心想原来他们平静的外表下也都满藏着深深的不安，等待随时有人呼叫求救；理智和理解在这种时候也一无是处。“是西西，”他们爬上楼梯时艾琳娜说，“她疯了。有人——有东西——在她房间涂了红色的颜料，她的衣服都毁了，她在哭呢！”我说的够客观的了。艾琳娜转身跟着他们俩。难道还有比这更客观的说法吗？她问自己，同时发现自己竟然在微笑。

西奥多拉还在房间里一边呜呜地哭，一边狂踹衣柜门，要不是她手上拿着揉皱了弄脏了的黄衬衫，这副发脾气的样子恐怕会让人发笑；其他衣服也都被从衣架上扯了下来，胡乱地扔在衣柜里，红色的东西涂得乱七八糟。“这是什么？”路克问蒙博士，蒙博士摇摇头，说，“我可以肯定这是血，但要用这么多血那人可得……”他们突然安静了下来。

他们沉默了一会儿，然后看着西奥多拉床头墙纸上用红色的字迹歪歪扭扭地写着的：帮艾琳娜回家。

这次我不会慌乱了，艾琳娜对自己说，然后她对大家说道：“最好让她离开这儿，把她带到我房间去吧！”

“我的衣服全完了，”西奥多拉对蒙博士说，“看到我的衣服了吗？”

房里的气味很难闻，墙上的字迹湿乎乎的，带着向下滴落的痕迹。从墙上到衣柜有一条长长的印子——可能刚才西奥多拉的注意力就是这样被吸引过去的——绿色的地毯上也有一大片痕迹。“真恶心，”艾琳娜说，“快把西奥多拉带到我房间去。”

路克和蒙博士连哄带劝地带西奥多拉穿过浴间，来到艾琳娜的房间，艾琳娜端详着那些红颜料（这肯定是颜料，她告诉自己；这当然只能是颜料，不然还能是什么？），大声说道：“可为什么呢？”——她抬头望着墙上的话。此处所眠人，她不禁有些自矜地想，名书血纹上；我是不是太不着边际了？

“她没事吧？”蒙博士回来时艾琳娜转过身来问道。

“过几分钟就好了。我觉得她可能得搬过去和你住一阵子；我想她不会愿意再睡在这个地方了。”蒙博士勉强挤出一点笑容，“可能时间会有点长，直到她自己打开另一扇门为止。”

“我想她恐怕得穿我的衣服了。”

“的确，如果你不介意的话。”蒙博士不解地看着她，“这次你好像没有上次那么困扰了？“

“这太傻了，”艾琳娜说，试着弄清她自己的感觉，“我站在这里看着它，一直在想，为什么呢？我是说，它就像一个不好笑的笑话；我应该比现在害怕多了，可是我没有，因为它太可怕，以至于我都不觉得这是真的。我不断地想着西西涂红指甲油的样子……”她笑了，蒙博士敏锐地看着她，她自顾自地继续说道，“也有可能是颜料啊，您不觉得吗？”我怎么说个不停，她想；我有什么需要解释的？“可能在看到西西为她的衣服而尖叫，还说是我把名字写在她墙上之后，我就没法严肃地看待这件事了。也许我已经习惯了她把什么都怪罪到我头上来。”

“没有人因为任何事怪罪你。”蒙博士说。艾琳娜感觉到他的话里有一丝责备。

“但愿她瞧得上我的衣服。”艾琳娜酸溜溜地说。

蒙博士转过身，打量着整个房间；他伸出手指小心翼翼地碰了碰墙上的字，用脚拨了拨西奥多拉的黄衬衫。“晚些时候，”他心不在焉地说，“明天吧，”他望着艾琳娜微笑道，“我要把这个场景画到笔记本上。”

“我可以帮您，”艾琳娜说，“虽然有点恶心，但是我并不害怕。”

“好，”蒙博士说，“不过我想我们最好暂时把这个房间锁上，免得西奥多拉不小心闯进来。将来我有空的时候，可以仔细研究研究。还有……”他有点打趣地说道，“我可不想让达利夫人进来收拾。”

艾琳娜默默地看蒙博士从屋内关上房门，然后他们穿过浴室，把浴室通往绿房间的门也锁上了。“我会再搬一张床进来，”蒙博士说，然后，他似乎有点尴尬地加了一句，“你的头脑很冷静，艾琳娜，这对我很有帮助。”

“我说过了，虽然有点恶心但是我不害怕。”她愉快地说，然后转向西奥多拉。她正躺在艾琳娜的床上，手上也沾了红色的东西，还蹭着艾琳娜的枕头，艾琳娜看了觉得一阵恶心。“喂，”她没好气地说着，向西奥多拉走去，“在你有新衣服之前，你都得穿我的衣服，除非我们把那些衣服洗了。”

“洗了？”西奥多拉在床上打了个滚，用脏兮兮的双手捂住眼睛，“洗了？”

“我的天哪，”艾琳娜说，“我得给你好好洗洗。”她感觉自己从来没有这样厌恶过一个人，甚至都不需要什么理由。她去浴室把毛巾打湿，过来粗暴地给西奥多拉洗脸、擦手。“你浑身都是那些东西。”她真是不愿意碰她。

“刽子手们有一个严格遵守的规则，”路克一边晃着手中的白兰地，一边说道，“在行刑之前，要用粉笔在犯人的肚皮上画出下刀的位置——防止砍偏，你们懂的。”

真想拿棍子打死她，艾琳娜看着椅边西奥多拉的脑袋想，或者用石头砸也行。

“一个小小的改良，改良。因为犯人要是怕痒的话，用粉笔画一道简直难以忍受。”

我讨厌她，艾琳娜想，她让我恶心；她算是洗干净了，还穿着我的红毛衣。

“后来砍头改成了绞刑，刽子手就……”

“娜娜，”西奥多拉抬头冲她一笑，“我很抱歉，真的。”

我真想看着她死，艾琳娜脑子里这样想着，嘴上却笑道："别说傻话。"

"苏菲派[1]有一个说法，认为宇宙从未被创造，自然也就不会被摧毁。"路克郑重其事地说，"我一个下午都在书房里转悠。"

蒙博士舒了口气。"今晚别下棋了吧？"他对路克说道。路克点点头，"今天真是太累了，女士们也该早点休息了。"

"我白兰地还没喝够呢！"西奥多拉态度很坚决。

蒙博士说："恐惧，是对理智的放弃，是自愿让渡理性思考的结果。我们要么屈服，要么反击，但不会有妥协一说。"

"我刚才在想，"艾琳娜说道，好像觉得她得给他们道个歉，"我以为我一直很镇静，现在才知道我其实很害怕。"她皱了皱眉，自己也有点迷惑，他们等着她说下去。"当我感到害怕的时候，我看到了这个世界的理智、美好、不害怕的一面，我看到桌子、椅子、窗户都岿然不动，丝毫不受影响，地毯上精致的花纹也不为所动。可是当我害

---

①苏菲派（Sufi）：伊斯兰神秘主义派别的总称。苏菲派赋予伊斯兰教神秘奥义，主张苦行禁欲，虔诚礼拜，与世隔绝。

怕的时候，我就不再与这些东西有任何关联。我想是因为它们不害怕的缘故。”

“我想我们害怕的其实是我们自己。”蒙博士缓缓说道。

“对，”路克说，“是害怕清晰地看见卸下伪装的自己。”

“是害怕发现我们真实的渴望。”西奥多拉说。她把脸靠在艾琳娜的手上。艾琳娜讨厌和她触碰，赶紧把手抽走了。

“我一向害怕独处，”艾琳娜说着，不禁怀疑，我是这样说话的吗？我明天会不会后悔说这些话？我是不是欲盖弥彰？“墙上写的是我的名字，你们不会明白那种感受——那么熟悉。”她向他们做了个手势，希望获得他们的理解。“想想看，那是我的名字，它属于我，却在被别人用、被别人写、被别人叫来叫去，那是我的名字啊……”她停下来，挨个儿望着他们，甚至也看了看西奥多拉抬头看着她的脸，继续说道，“我只有一个名字，它就是我的全部，我不愿看着我自己消融、分解，成了两半，而我却看着另一半自己孤立无援、惊恐万状，也无能为力，我知道我不会真的受伤，可是时光那么长，每一分每一秒都是煎熬，我无法忍受，只能屈服——”

“屈服？”蒙博士严肃地说，艾琳娜吓了一跳。

“屈服？”路克又重复一遍。

“我不知道。”艾琳娜突然迷糊了。我刚刚在说话，她对自己说，我刚刚在说——我刚刚在说什么来着？

“她以前也这样过。”路克对蒙博士说。

“我知道。”蒙博士沉下脸。艾琳娜感觉大家都在看着她。“对不起，”她说，“我是不是又犯傻了？我可能是太累了。”

“没有，”蒙博士还是阴沉着脸，“喝点白兰地吧！”

“白兰地？”艾琳娜低下头，发现手里还真拿着一杯白兰地。“我都说了些什么？”她问他们。

西奥多拉调皮地笑了，“喝点吧，你需要它，娜娜。”

艾琳娜听话地抿了一口，一阵火辣辣的灼烧感。她对蒙博士说：“我肯定说傻话了，不然你们不会都盯着我。”

蒙博士笑了：“别总想吸引我们的注意。”

“都是虚荣心作祟。”路克不动声色地说。

“非要成为大家关注的焦点。”西奥多拉说。他们看着艾琳娜，亲切地微笑着。

4

艾琳娜和西奥多拉坐在并排的两张床上，两只手紧紧地拉在一起；房里冷得凛冽，暗得密实。隔壁的房间，今天早上还是西奥多拉的卧室，现在里面正传来持续而低沉的说话声，低到不可名状，却久得挥之不去。两人的手握得紧紧的，都能感觉到对方的骨头了。艾琳娜和西奥多拉聆听着，隔壁还在咿咿呀呀，絮絮不绝，时而高亢，时而低微。突然，冷不丁地冒出一声笑声，幽微的笑声打断了低语声，音调越升越高，越升越高，然后突然止住，碎了，剩下又是絮絮不绝的咿呀之声。

西奥多拉放松了的手突然抓紧，艾琳娜本来要被这声音弄得睡着了的，一个激灵醒过来，她在黑暗中四处张望，寻找西奥多拉的身影，突然心中诧异，怎么这么黑？怎么会这么黑？她侧过身另一手也握住西奥多拉，想说话却说不出来，只能盲目地握着；她快冻僵了，只能努力保持镇静和理智。我们是把灯开着睡的，她想起来，那现在怎么会这么黑？西奥多拉，她想叫她，却张不开口；西奥多拉，她想问她，为什么这么黑？那个声音还在那里，喋喋不休，持续而低沉，如流水一般。她想她要是躺着不动，说不定能听清楚几个字，她躺着不动，侧耳倾听，听那个声音一直说呀说，然后她绝望地抓着西奥多拉的手，感觉西奥多拉也握了握她，作为回答。

接着那个笑声又来了，疯狂而高亢的笑声淹没了说话声，又突然一片寂静。艾琳娜深吸一口气，不知道现在可不可以说话了，然后她听到细若游丝的哭泣，她的心为之一颤，这哭声既凄切，又有一丝甜蜜的悲凉。是个孩子，不可思议，是孩子在哭，刚想到这儿，她又听到了一声凄厉的尖叫，尽管从未听过，她却知道那声音总是出现在她的噩梦中。“走开！”那声音叫道，“走开，走开，别伤害我，”然后，是啜泣声，“求求你别伤害我。让我回家吧！”紧接着又是幽微的哭泣。

我受不了了，艾琳娜清晰地意识到。这太残忍了，简直禽兽不如，他们竟然伤害一个孩子，我是绝不会让任何人伤害孩子的。低语声又响了起来，持续而低沉，时高时低，絮絮不绝。

不行，艾琳娜想，还以为她正侧身躺在床上，四周漆黑一片，她的两只手都紧紧抓着西奥多拉的手，她甚至能感觉到她纤细的骨头。不行，我不能坐视不管了。他们想吓唬我。是的，他们做到了，我确实害怕了。可虽然害怕，我也是人，我也有人性，我是会直立行走、会逻辑思维、有人性的人类，我受够了这栋肮脏的疯房子，可绝不能容忍它伤害孩子，不，绝不能忍，我必须张开嘴喊出来，我要喊我要喊我要喊，“住手！”她喊了出来。灯亮了，跟她们睡前开着的时候一样，西奥多拉坐在床上，神情惊恐，头发凌乱。

“怎么了？”西奥多拉的声音，“怎么了，娜娜？发生什么了？”

“天哪，天哪，”艾琳娜从床上跳起来，躲到一角瑟瑟发抖，“天哪，天哪——我刚才抓的是谁的手？”

第六章

❶

我在研究人心的沟壑，艾琳娜一本正经地想，又奇怪她这个比喻究竟想表达什么。是个午后，她和路克坐在凉棚的台阶上，沐浴着阳光；沉默中人心依然千沟万壑，她想。她知道她现在面无血色，心有余悸，还有黑眼圈，但阳光温暖，树叶轻轻摇摆，路克也在她身旁，懒懒地倚着台阶。“路克，”她放慢了语速，免得太唐突，“人们为什么要交谈？我是说，人们想知道些别人的什么事呢？”

“比如呢，你想知道我的什么事？”路克笑了。她想，为什么不是他想知道我的什么事呢？他太把自己当回事了——她也笑了，说道，“除了我看到的，我还能知道些什么呢？”‘看到’是她最不乐意用的字眼，却是最保险的一个。告诉我点儿别人都不知道的事情，这才是她真正想说的，或者，你有什么事能让我记住你呢？或者，干脆这样说，从来没有人告诉过我他的秘密，你愿意做第一个吗？然后她又想，自己在这里自说自话是不是太傻，或者太不礼貌，可他却只是微蹙着眉，盯着手里的那片树叶，好像在思考什么艰深的问题。

他想把每句话都说得天衣无缝，我却能从他的回答中看出他怎么看我，他有多想取悦我？他以为神秘兮兮的就能唬住我？他会不会不遗余力地把自己塑造的与众不同？他要向我献殷勤吗？那就丢人了，因为那说明他知道我对殷勤没有抵抗力。他会玩神秘吗？或者装疯卖傻？我已经知道他要给我讲个秘密，虽然不一定是真的，那我该怎么应对？但愿路克不要看轻我，起码别让我看出来。要么他放聪明点，要么我索性糊涂点，反正千万别让我看出来他究竟是怎么看我的。

路克瞥了艾琳娜一眼，笑了一笑，艾琳娜知道这是他习惯性自嘲的笑容；西奥多拉也这么了解他吗？艾琳娜想知道，又被这个念头弄得有些不快。

“我没有母亲。”路克说。艾琳娜吓了一跳，这就是他眼中的我吗？这就是他觉得我想听的东西吗？我要不要顺藤摸瓜让他讲出更多的秘密？我应该叹气吗？还是安慰他？或者走开？“我从来没有被爱的归属感，”路克说，“我想你应该能理解吧？”

不，不能让他这么轻易就俘获了我；我不懂花言巧语，也给不了廉价的同情；这个人就是只巧嘴八哥。我要告诉他我完全不理解，我不吃他自艾自怜这一套；我才不会傻乎乎地让他继续愚弄我呢。“是啊，我能理解。”她说。

“我就知道你会理解的。”路克说。她这会儿真想结结实实地给他一耳光。“我觉得你是一个好人，娜娜，”他说，然后还添油加醋一番，“又热心，又实在。将来，等你回家了……”他的声音渐渐听不见了。要么就是他真的有重要的话要说，不然他就是在打发时间，好优雅地结束这段对话。他不会无缘无故地说这些话，也不会轻易把秘密告诉别人。难道他以为一点小小的暧昧就会让我疯狂地扑到他怀里吗？难道他担心我会有违礼数？他怎么懂我，怎么懂我的想法和感受？他同情我吗？“眷侣相会，旅途方终。”她说。

“是啊，我没有母亲，这你是知道的。我现在发现每个人都有一些我缺少的东西，”他冲她笑道。“我相当自私，总希望有人能告诉我应该怎么做，能对我负责，陪伴我长大。”他懊悔地说。

他确实很自私，艾琳娜有些惊讶，和我单独坐着聊天的男人，他还是头一个，而我却不耐烦了；但他也实在是无趣得很。“你为什么不能自己长大？”她问道，心里想着有多少人——多少女人——都问过他这个问题。

“你真聪明。”这样的回答他又说过多少遍？

这段谈话只怕大部分都是随口说说，她感到好笑，却温柔地说，“你一定非常孤独。”我最想要的就是被人珍惜，现在却在这里跟一个自私的男人胡扯。“你一定非常孤独。”

他拍拍她的头，笑道：“你真幸运，能有一个母亲。”

“我在书房里找到了这个，”路克说，“我发誓是在书房里找到的。”

“不可思议。”蒙博士说。

“看，”路克把一本大书放到桌上，翻开扉页，“这书是他自己做的——看，书名是用墨水写上去的：给苏菲亚·安娜·克雷恩，为了她毕生的启蒙和教育，慈爱的父亲休·德斯蒙德·莱斯特·克雷恩；1881年7月21日。”

西奥多拉、艾琳娜、蒙博士把桌子团团围住，路克翻开了大书的第一页。“你们看，他的小女儿要学人文。他显然是剪了好些上好的旧书才做成的，我能认出上面的一些图片，都是粘上去的。”

“人类的虚荣心啊！”蒙博士惋惜地说，“想想那些被休·克雷恩剪掉的书吧！这里还有戈雅[1]的版画；小女孩怎么受得了。”

“下面还有他写的字，”路克说，“就在这幅难看的画下面：‘敬乃父母，生之所赐。披尽荆棘，护汝天真，导汝前进，所欠实多。以天为鉴，识善辨恶，纯良不移，切记勿忘。’”

“可怜的孩子。”艾琳娜说。路克翻页的时候，她倒吸了一口凉气；休·克雷恩的第二个道德教育取自一副蛇穴的彩画，一条条形象逼真的大蛇在书页上交缠盘绕，上面清清楚楚地印着镀金的训诫：“人类之劫，命中一定；罪孽深重，无药可救；远离尘世，百毒不侵；修身自重，方得始终。”

“后面一篇是地狱，”路克说，“神经脆弱的就不要

---

① 戈雅（Goya）：西班牙浪漫主义画派画家，画风奇异多变。

看了。”

“我想我还是别看了，”艾琳娜说，“你们念给我听吧！”

“这就对了，”蒙博士说，“有一幅约翰·福克斯[1]的插图；死的太惨了，不过谁搞得清楚那些殉道者究竟是怎么想的呢？”

“看看这个，”路克说，“他烧掉了书的一角，还在这里写上：‘吾女请听，焰焰火海，永世燃烧，生灵悲啼。试燃汝目，尚不能忍，炼狱之人，苦痛实多。汝父于此，燃书一角，炼狱之火，不及一二。吾女之魂，烈焰炙烤，其痛其热，千倍于此。’”

“他肯定每天晚上都会在睡前念给她听。”西奥多拉说。

“别忙，”路克说，“你们还没看天堂那一章呢——这个你也可以看，娜娜。这回是布莱克[2]的画，有点严肃，但是总比地狱好。听听——‘天堂圣地，天使环绕；颂主英明，亦相称赞。吾将于此，静候吾女。’”

“真是满怀爱意呀，”蒙博士说，“设计了那么长时

---

① 约翰·福克斯（John Foxe）：《殉道史》的作者。从新教的角度记载了使徒时代到十六世纪基督教历史上的殉道事迹。

② 威廉·布莱克（William Blake）：英国浪漫主义诗人，版画家。

间，字写得那么工整，还镀了金……”

“开始讲七宗罪了，”路克说，“看着像是那个老家伙自己画的。”

“暴食画得太惟妙惟肖了，”西奥多拉说，“我恐怕再也不敢喊饿了。”

“你还没看淫欲呢，”路克说，“那老家伙算是超常发挥了。”

“我实在看不下去了，”西奥多拉说，“我过去陪娜娜坐着吧，你们要是看到什么有价值的教诲，就念出来好了。”

“到淫欲了，”路克说，“有这样勾搭女人的吗？”

“我的天哪，”蒙博士惊呼，“我的天哪。”

“他肯定是自己画的。”路克说。

“画给孩子看吗？”蒙博士愤怒了。

“专为他女儿设计。看这傲慢的样子，简直就是娜娜的翻版。”

“什么？”艾琳娜吓了一跳。

“开玩笑的，”蒙博士安抚道，“别看了，亲爱的。他逗你玩儿呢！”

“到懒惰了。”路克说。

“妒忌，”蒙博士说，“可怜的孩子们哪里还敢……”

“最后一张最有料。看，女士们，是休·克雷恩的血。娜娜，想不想看休·克雷恩的血？”

“不了，谢谢你。”

“西西呢？也不看吗？不过，为了你俩好，我还是要读一读休·克雷恩在书末写下的这段话：‘乃父割腕，歃血盟誓，与汝订约。生而好德，温良谦逊，信主与父。践行此约，定能相会，获主庇佑。成书不易，告诫吾女，谨遵父嘱。惟愿此书，护汝前行，至吾怀抱。’后面是他的签名：汝之慈父，此生来生，赐汝生命，护汝真纯，休·克雷恩。”

西奥多拉一阵哆嗦，“他该有多享受用自己的鲜血签名；我都能想见他仰天大笑的情景。”

“太变态了，这本书太变态了。”蒙博士说。

“可是她父亲离开的时候她应该还很小，”艾琳娜说，“我怀疑他有没有机会念给她听。”

“他肯定念过，倚在烛台边，一个字一个字地念，让这些话在她幼小的心灵中生根发芽。”西奥多拉说，“休·克雷恩，你这老不死的，盖了这么一幢老破房子，你要是听得见，我要当面告诉你，我希望你永远待在那张熊熊大火的图片里，每分每秒都被烈火炙烤。”她毫不留情地做了一个愤怒的手势。有一阵儿，他们都还没缓过劲儿来，谁也不说话，好像是在等休·克雷恩的回答，壁炉中的木炭发出爆裂的声响。蒙博士看了看表，路克站了起来。

“太阳已经快下山了。”蒙博士欢快地说。

西奥多拉蜷缩在炉火边，调皮地望着艾琳娜；房间的另一边，棋子静静地走着，发出轻掷的声音。西奥多拉戏谑地小声问道：“娜娜，你会把他请到家里去，让他用你的星星杯喝水吗？”

艾琳娜望着炉火，没有回答。我真傻，她想，我真是个傻瓜。

“你的公寓够两个人住吗？你请他，他会去吗？”

简直遭透了，艾琳娜想，我真是个傻瓜。

“说不定他渴望有一个小家，当然啦，一个比西林山庄小的家；这样他兴许会跟你回家呢！”

我真是个傻瓜，十足的傻瓜。

“想想你的白窗帘——你的小石狮——”

艾琳娜低下头看着她，眼神几近温柔。“可是我非上这儿不可。”说完她站起身，漫无目的地走开了。她听不见身后惊讶的话语声，也看不出她这是要上哪儿去，只是跌跌撞撞地来到了大门口，来到了温暖柔软的夜色中。“我非上这儿不可。”她对外面的世界说。

恐惧和愧疚总是相伴而生。西奥多拉在草坪上找到了她。两人在沉默、愤怒和受伤中，肩并肩离开了西林山庄，心里还在生对方的气。人在愤怒、狂喜、恐惧或愤怒中，往往会走极端，做出平时压根不会做的举动来。艾琳娜和西奥多拉这会儿都没能停下来想一想，夜里离开西林山庄多么危险。两个人都沉浸在绝望中，迫不及待地要逃到黑暗里去。她们把自己包裹在密不透风而又不堪一击的愤怒中，愤愤地向前走着，都知道对方的存在，又都暗自较劲，不愿先张口说话。

终于，艾琳娜先开口了。她的脚踢到了石头上，一开始强忍着不当回事，后来感觉到疼了，只好硬装出一副无所谓的语气说：“我不明白，你凭什么觉得你有资格干涉我的事情？”她措辞很谨慎，免得显得像在指责（对方是陌生人还是表姐妹？）。“我想我做什么，跟你毫无关系。”

“对，你做什么跟我毫无关系。”西奥多拉也紧绷着脸。

我们说的压根不是一回事，艾琳娜想，可是我也有生存的权利，我跟路克在凉棚下浪费了一个钟头就是为了证明这一点。“我的脚受伤了。”她说。

“真抱歉，”说得就跟她真的很抱歉似的，“你知道他是什么货色，”西奥多拉犹豫了一下，最终下定决心说，“他就是个纨绔子弟。”说完她自己都乐了。

“他是什么人，跟我有什么关系。”毕竟是女人吵架，末了，艾琳娜又加了一句，“就跟你在乎似的。”

“我们不能就这么饶了他。”西奥多拉说。

“他有什么可饶不饶的？”艾琳娜克制住自己。

“你这是在犯傻。”西奥多拉说。

“要是犯傻的不是我呢？你生怕自己这回看错了，是不是？”

西奥多拉不耐烦了，哂道：“我要是看错了，自然会全心全意地祝福你。真是个榆木脑袋。”

“狗嘴里吐不出象牙。”

她们沿着小路向溪边走去。黑暗中，她们感觉到脚下是下山的路，俩人都在心里暗暗责怪对方，故意把自己带到这条路上来，这里有她们共同的愉快回忆。

“再说啦，”艾琳娜换了一副理智的口吻，“不管怎么样，都跟你毫无关系，你管我有没有犯傻呢？”

西奥多拉沉默了一会儿，依旧在黑暗中走着。突然，艾琳娜感觉黑暗中她朝她伸出了手。“西西，我不大会同人说话。”她尴尬地说。

西奥多拉笑了。“你都会什么呢？逃跑？”艾琳娜反问道。

尽管话还没说破，但离挑明已经岌岌可危；她们都在敲边鼓，不敢开诚布公，像“你爱我吗”这样的问题，一旦说出口，就再也收不回来了。她们慢慢走着，心下暗暗思索着、揣摩着，小路向下延伸，她们也跟着走去，同行者中再也没有她们这么默契的了。闪烁其词，欲言又止，这些伎俩已经用尽，她们只能等待一个最终的结局。旁边那个人在想什么，想说什么，这边都心知肚明，就差为对方流泪了。她们同时发现了路线的变化，也知道对方发现了。西奥多拉抓着艾琳娜的胳膊，不敢停下来，只得硬着头皮向前走去，小路越来越宽，越来越黑，也越来越曲折。

艾琳娜停下来喘口气，西奥多拉的手握紧了，意思是让她安静。她们两旁，静寂无声，树木将黑暗都释放到夜色中，自身却显得苍白而古怪。草叶失色，道路宽而黑；除此之外，别无所有。艾琳娜牙齿在打战，恐惧带来的恶心反胃让她更加难受；她的手臂在不停地颤抖，西奥多拉只得使劲抓着她。她感觉每一步都要在强大的意志下迈出，坚持一脚一脚踏出去是唯一理智的选择。黑洞洞的道路和白惨惨的树木让她的视线都被泪水模糊，这句话在她的心中灼烧：这下我真的害怕了。

她们向前走着，小路在脚下延伸，两旁是一成不变的苍白的树木，黑压压的天空覆盖在头顶。走在路上的脚闪着白光，西奥多拉的手也苍白得发亮。前面，道路曲曲折折，看不见终点。她们慢慢向前走着，一步一步挪着脚步，这是她们现在唯一能做到的动作，也是唯一可以防止她们滑入无边的漆黑和惨白中的努力。这下我是真的害怕了，这想法灼烧着艾琳娜，她还能感觉到西奥多拉的手抓着她的胳膊，这条胳膊已经不像是她自己的了；西奥多拉似乎离她很远，不可接近。这里真冷啊，没有一点人的气息。这下我是真害怕了，艾琳娜想着，一步一步向前挪着，每一步都在颤抖，每一步都感到刺骨的寒冷。

道路蜿蜒向前，像是故意要把她们带到什么地方，反正她们谁也不敢转身，走到两旁的树丛里去。黑洞洞的道路曲曲折折，闪着白惨惨的光，她们只能乖乖跟着。西奥多拉的手又握紧了些，艾琳娜感觉她都快哭了——前面是不是有什么东西在动，白色的，比道旁的树还白，在向她们招手？那东西是不是又躲到了树丛中，朝这边张望？旁边是不是有什么动静，尽管寂静无声，不易察觉？旁边的草丛中是不是也有人走动？她们这是在哪儿？

道路终于走到了尽头，在她们脚下消失不见了。艾琳娜和西奥多拉向面前的花园望去，强烈的日光和艳丽的色彩让她们目眩。奇怪，花园的草坪上正在办野餐会。她们听见孩子的嬉闹声和父母慈爱的笑语。草长得又绿又肥，红、橙、黄色的花朵竞相争妍，碧空中泛着金光。一个穿着猩红色毛衣的孩子被小狗绊倒，高声笑着。地上铺了一张野餐垫，母亲微笑着俯下身，拿起一盘亮晶晶的水果。

西奥多拉突然尖叫起来。“别回头，”她的声音里充满了恐惧，“别回头，别看，快跑！”

还没来得及搞清楚是怎么回事，艾琳娜就跟着跑了起来。她还以为会被野餐垫绊倒，担心会不会踩到那只小狗，可是穿过花园的时候，只有夜色中蔓长的野草。西奥多拉尖叫着，跳过刚刚还开满鲜花的一丛矮树，跌在了一块半埋在土里的石头上，可能是刚才摔碎的一只杯子。她们来到一堵长满了幽森的藤蔓、泛着白光的石墙前，疯狂地四处敲打，哭喊着祈求放她们出去，后来一扇锈迹斑斑的铁门打开了，她们赶紧跑了出去，两人涕泗横流、上气不接下气，却还拉着手，她们穿过西林山庄的厨后花园，终于从后门冲进了厨房，看到路克和蒙博士正急忙朝这边赶来。“怎么了？”路克看见西奥多拉的样子，说，“没事吧？”

“我们找了你们几个钟头，都快把我们急死了。”蒙博士已经疲惫不堪。

“有一个野餐会。”艾琳娜说。她瘫倒在厨房的椅子里，低头看着自己的手，这双手不知道怎么弄的，满是划痕和血迹，现在还在不住地颤抖。她把手伸给他们看，告诉他们，“我们想出去。那儿有个野餐。那些孩子……”

西奥多拉的笑声中带着哭腔，她气喘吁吁地笑个不停，边笑边说：“我回头——我回头看见后面……”话音未落，又憋不住笑了。

“那些孩子……还有一只小狗……”

“艾琳娜。”西奥多拉猛地转过身，额头贴着艾琳娜的额头，“艾琳娜，艾琳娜。”她说。

艾琳娜抓着西奥多拉，抬头看着路克和蒙博士，感觉房间在剧烈震动，而时间，她一直都非常敏感的时间，停止了。

第七章

❶

蒙夫人要来的那一天下午，艾琳娜独自来到山庄旁的山上，没有明确的目的地，也不在乎究竟到了哪里，只是想躲开山庄阴暗沉重的气氛，一个人待会儿。她找到一片柔软的干草地，躺了下来，想着她多少年都没有这样过了。身边，绿树、野花，以自然界惯有的殷勤之态，突然搁下生长枯荣的当务之急，关注起她来；好像尽管她无趣又渺小，却因为不幸无处扎根、终日漂泊无着，也值得它们温柔对待。艾琳娜信手摘下一朵雏菊，让它凋在指间，又躺下，看着它枯萎的脸，心中充满了原始的喜悦。她拨弄着雏菊，对自己微笑，想着，我该怎么做？我该怎么做呢？

❷

“把包先放在大厅里，亚瑟，”蒙夫人说，“你不觉得应该有人过来帮我们开门吗？他们得来个人帮我们把这些包拿上去呀，老蒙？老蒙？”

“来了，亲爱的，”蒙博士赶到门口，手里还拿着餐巾，他温柔地吻了吻她送上前的脸颊，“你来真是太好了，我们还以为你不来了呢！”

“我说了今天会来，不是吗？我什么时候说话不算话过？我把亚瑟也带来了。”

“是吗？”蒙博士淡淡地说。

“没办法，总得有人开车吧！你不会让我大老远的自己一路开过来吧？你明知道我会累的……你们好啊！”

蒙博士转过身，冲艾琳娜和西奥多拉笑了一下。路克站在后面，三个人局促得很。蒙博士说：“亲爱的，他们是这几天一直陪我待在西林山庄的朋友。西奥多拉，艾琳娜·万斯，和路克·桑德森。”

三人勉强咕哝着问了声好。蒙夫人点头说道：“看来你们没等我吃晚饭。”

“我们以为你不来了。”蒙博士说。

“我记得跟你说过我今天会来。当然了，也有可能是我搞错了，不过我印象中说的就是今天。我会很快记住你们的名字的。这位是亚瑟·帕克；我不喜欢开车，所以他开车送我过来。亚瑟，这些都是老蒙的朋友。有没有人帮我们拿一下箱子？”

蒙博士和路克嘟囔着过来了。蒙夫人接着说道：“我要住到最恐怖的那间房里去。亚瑟住哪儿都行。那个蓝箱子是我的，小伙子，还有那个手提箱，都拿到最恐怖的那间房去。”

“去育婴室吧，”路克向蒙博士投去询问的目光时，他说。“我觉得育婴室是整栋房子紊乱的根源，”他对妻子说。蒙夫人不满地哼了一声。

“我看你也太差劲了，”她说，“上这儿都快待了一周了，只怕通灵板一次都还没用过吧？这俩小姑娘也不像是可以通灵的吧？亚瑟的行李在这儿，他带了高尔夫球杆，以防万一。”

“以防万一什么？”西奥多拉不解地问，蒙夫人冷冷地看了她一眼没吱声。

“别因为我中断了晚餐。”她终于说道。

“育婴室的门口有一块固定的寒区。”蒙博士抱有某种企图地对妻子说。

“是吗？很好，亲爱的。那个小伙子怎么不把亚瑟的行李拿上去？还是有点迷糊啊，是不是？快一周了我以为你们能找着北了呢！有什么东西显形吗？”

“有一些明显的迹象——”

“现在，既然我来了，我们要好好搞一搞。亚瑟应该把车停哪儿？”

“房子后面有一个废置的马房，我们都把车停在那儿。他可以明天把车挪过去。”

“笑话，你明知道我最讨厌拖拖拉拉了。亚瑟明天还有一大堆事要做呢！他必须现在把车挪过去。”

“外面已经很黑了。”蒙博士有些迟疑。

“你开玩笑呢，老蒙？难道我不知道外面已经很黑了吗？车上有车灯，这个小伙子也可以跟亚瑟一起去，给他指路。”

“算了吧，”路克说，“我们有约在先，天黑之后是不出门的。亚瑟想去可以，反正我是不去的。”

蒙博士说：“两位女士昨天晚上刚——”

“现在的年轻人，真是胆小。”亚瑟说。他已经把行李箱、高尔夫球包和通灵板从车里拿来了，现在站在蒙夫人身旁，低头瞧着路克；亚瑟脸色绯红，满头白发，因为瞧不起路克，头发都竖起来了。“伙计，当着女士的面，你也不觉得害臊。”

“我害怕，她们也害怕。”路克毕恭毕敬地说。

“确实是这样。”蒙博士轻轻地拍了拍亚瑟的肩，对他说，“等你在这儿待一阵子，亚瑟，你就知道路克这么做是明智的，不是胆小。我们约定天黑后待在一块儿，是有道理的。”

“我说老蒙，想不到你们都这么神经质，”蒙夫人说，“畏首畏尾我最瞧不上了，”她不耐烦地跺脚，“你又不是不知道，老蒙，逝者希望看到我们幸福快乐，希望我们用温情的目光看待他们。这所房子里的幽灵之所以痛苦，八成就是因为知道你们害怕他们。”

“我们等会儿再说这个吧，”蒙博士有些疲惫，“现在吃晚饭吧？”

“也好，”蒙夫人扫了一眼西奥多拉和艾琳娜，“抱歉打断了你们的晚餐。”

“你们吃晚饭了吗？”

“当然还没有，老蒙。我说过我要在这儿吃晚饭的，不是吗？难道我又记错了？”

“好在我跟达利夫人说过你要来，”蒙博士说着，打开了游戏室的门，带他们穿过游戏室，进入餐厅，“她给我们做了一顿丰盛的晚餐。”

可怜的蒙博士，瞧他多不自在呀，艾琳娜想着，让到一旁，让他领着妻子进入餐厅；不知道她要在这里待多久？

“你说她要在这里待多久？”西奥多拉对她耳语道。

“说不定她箱子里装的全是灵皮。”艾琳娜满怀希望地说。

“打算在这儿待多久呢？”蒙博士问道。他坐在长桌的一端，蒙夫人惬意地坐在他身旁。

“这个嘛，”蒙夫人优雅地尝了一口达利夫人做的刺山果酱，“——这厨子还不错，不是吗？——亚瑟得赶回学校去，这你是知道的；他是校长，”她对其他人解释说，“他特意取消了周一的安排，所以我们最好周一下午走，这样亚瑟可以赶上周二的课。”

“看来亚瑟是丢下了一大批活蹦乱跳的小朋友过来的呀。”路克悄悄对西奥多拉说。西奥多拉说：“可惜今天才刚周六。”

“厨艺还真不赖。老蒙，我明天得见见这个厨子。”蒙夫人说。

“达利夫人是个很称职的管家。”蒙博士小心翼翼地说。

“我看太花哨了点，”亚瑟说，“我可是要大口吃肉的人。”他对西奥多拉解释道，“不抽烟，不酗酒，不读没用的东西。学生看不上这样的，他们喜欢那种，你知道的。”

“学生都以您为榜样吧？”西奥多拉自然没当真。

亚瑟摇头道：“时不时就抓出一个坏蛋。不爱运动，成天待在角落里，还那么爱哭。我三下五除二就能把他们都解决了。”他伸手去拿黄油。

蒙夫人俯身向前对亚瑟说：“少吃点儿，亚瑟，今晚可有的忙呢！”

“你们究竟打算干什么呀？”蒙博士问道。

“你可能从来没有想过系统地操作，但你不得不承认，老蒙，在这方面我就是比你有天赋；女人嘛，起码部分女人有。”她意味深长地看了艾琳娜和西奥多拉一眼，“她们俩，我看是没有的。难不成我又弄错了？你总喜欢挑我的刺，老蒙。”

“亲爱的……”

“我做事最讨厌马马虎虎、敷衍了事。亚瑟会帮我巡逻。我带亚瑟来就是为这个。”她对坐在旁边的路克解释道，“很少能在教育界找到对那个世界感兴趣的人；亚瑟却相当精通。我要在你们为我选的那间屋子里，只点一盏小夜灯，试着跟这里的亡灵沟通。只要有含恨的亡灵在，我就不会睡觉。”路克点点头，不知道要说些什么。

亚瑟说：“要跟这些东西沟通，眼光太低可不行，要找到正确的方式，这是一点小常识，我常跟学生这么说。”

“晚饭之后我们可以先做一次，”蒙夫人说，“当然啦，亚瑟和我就够了。显然，你们都还没那个资质，只会吓跑那些亡灵。得有一间安静的房间——”

“书房不错。”路克礼貌地建议道。

“书房？我觉得可以，书籍向来是很好的载体。摆满了书的房间里，亡灵更容易显形。从没听说过书籍妨碍显形的情况。书房打扫过了吧？亚瑟对灰尘比较敏感，爱打喷嚏。”

“达利夫人把整座宅子都收拾得很好。”蒙博士答道。

“我明天真得见见达利夫人。你带我们到书房去，老蒙，那个小伙子帮我拿上箱子；不是那个大的，是小的手提箱，拿到书房去。我们随后就过去。做完之后我得喝杯热牛奶，兴许还想吃点儿点心；薄脆饼干就不错，别放太多盐。能和志趣相投的人谈上几句是再好不过的了，尤其是我今晚还打算接待亡灵；人心是非常精密的乐器，一定要小心对待，你说是吗，亚瑟？”她朝艾琳娜和西奥多拉欠了欠身，出去了；后面跟着亚瑟、路克和蒙博士。

过了一会儿西奥多拉说：“我快要被蒙夫人逼疯了。”

“我说不好，”艾琳娜说，“我对亚瑟印象还不错。路克真是个胆小鬼。”

“可怜的路克，”西奥多拉说，“他都没有妈妈。”艾琳娜抬起头，发现西奥多拉一脸坏笑地盯着她，她赶紧离开餐桌，还把一只杯子撞翻了。

“我们不能单独待着，”艾琳娜说，莫名地有些喘不上气来，“我们得去找他们。”她起身，小跑着出了餐厅。西奥多拉也跟着跑了出来，一路笑着下了楼梯，来到活动室里，路克和蒙博士正站在壁炉前。

“告诉我吧，博士，”路克谦逊地问道，“这个通灵板究竟是何方神圣？”

蒙博士愤愤地叹了口气，“愚蠢。不好意思，我觉得这太荒谬了，可是既然她喜欢……”他转过身去恼火地捅了捅炉火，过了一会儿接着说道，“通灵板跟显灵板比较像，这么说吧，它是一种自动书写的形式，有人通过它来跟无形的东西对话。其实照我看来，所谓的无形的东西不过是用通灵板的人自己想出来的罢了。好吧，具体说来，通灵板就是用一小片木头，通常是心形或者三角形的。窄的那一头放一支铅笔，另一头放两只轮子，或只是在纸上比较好滑动的支脚。两个人把手指放在木板上面，问它问题，那个东西就会动，写下它的答案。

至于为什么会动，这里我们就不讨论了。我刚才说了，显灵板也大同小异，只不过木板上的东西不是自己写，而是指向不同的字。一只酒杯也能这样，我见过有人把它绑在小朋友的滑轮玩具上，虽然确实有点傻。每个人都只用一只手的指尖，把另一只手腾出来写问话和回答。写出来的回答显然毫无意义，不过，我妻子肯定不这么说。简直是胡说八道。”他又转过去捅那个炉火了，“幼稚，迷信。”

“今天通灵板效果不错。”蒙夫人说。

“老蒙，这所宅子里肯定有不干净的东西。”

“今天交流相当顺利。”亚瑟得意地挥舞着手中的纸条道。

“我们搞到了好些信息，”蒙夫人说，“通灵板一直在提修女。这所宅子跟修女有什么联系吗，老蒙？”

“西林山庄有修女？没听说过。”

“通灵板对修女有强烈的反应，老蒙。这附近有没有类似的影像，哪怕很模糊？让晚归的村民害怕的？”

“修女的影像很常见啊！”

“老蒙，拜托。你是在说我搞错了吗，还是通灵板搞错了？我保证没有弄错，而且即便我的话不管用，通灵板总是不会撒谎的，它非常明确地提到了修女。”

“亲爱的，我的意思是说，修女的鬼魂没有什么特别之处，哪里都可能有。而且西林山庄从未跟修女扯上过关系，再说到处都可能——”

“老蒙，拜托。能让我说完吗？难道通灵板忙活了半天，你连听都不听？”蒙夫人调整了一下情绪，“听好了，这里有一个名字，可能是海琳，或者海琳娜，或者艾琳娜什么的。你们知道有叫类似名字的人吗？”

“亲爱的，很多人都——”

“海琳让我们警惕一位神秘的修士。要是修士和修女同时出现在一所宅子里——”

“这所房子可能是建在一座修道院的旧址上，”亚瑟说，“肯定会有影响。旧址上的亡灵尚未离开。”他进一步解释道。

“感觉像是寒盟背信的故事，不是吗？这种事多着呢！”

“过去是挺多的。八成是经不住诱惑吧！”

蒙夫人说：“我敢说那个修女是被活活砌在墙里的。

他们过去总这么干。我沟通过的这种修女多的去了。”

“没有任何这方面的记录称——”

“老蒙，我能再说一遍，我是亲自从那个砌在墙里的修女那儿得到的消息吗？你是觉得我在说瞎话吗？或者你觉得一个明明没有被砌在墙里的修女，会撒谎说她被砌进去了？难道我又搞错了吗，老蒙？”

“当然不是，亲爱的。”蒙博士无奈地叹了口气。

“就给她留了一根蜡烛、一片面包，”亚瑟告诉西奥多拉说，“想想挺可怕的。”

“这里没有修女被砌到墙里过，”蒙博士有些愠怒，略微提高了音量，“这只是传说，故事，坊间流传的——”

“好好好，老蒙，我们不争了。你爱信不信。我只想说，有的人在事实面前，还要固守成见。现在已经很清楚，打扰西林山庄的亡灵里有一个修女和——”

“通灵板还说什么了？”路克急切地问，“我特别想知道。”

蒙夫人摆了摆手，“没提到你，小伙子。不过这里的一位女士可能会感兴趣。”

不可理喻，艾琳娜想，不可理喻，粗俗无礼，爱出风头。“这个海琳，”蒙夫人继续说道，“想让我们在地下室里找一口古井。”

“别告诉我海琳是被埋在井里的。”蒙博士说。

“我不这么认为，老蒙。真是这样的话她会跟我们说的。但是，我们究竟会在古井里找到什么，海琳语焉不详。我觉得不会是宝藏。一般在这种情况下很少有人能找到真正的宝藏。多半是跟失踪的修女有关的东西。”

“可能是攒了八十年的垃圾。”

“老蒙，你怎么净说风凉话。不管怎么样，你来这里就是为了多多收集灵异现象的证据的，现在我给你带来了一堆线索，你却总是冷嘲热讽。”

“我们没有权利挖地下室。”

“亚瑟也许——”蒙夫人还抱有一丝希望。但蒙博士态度很坚决地说道：“租约上明确规定不准改建或破坏山庄的任何部分。不能挖地下室，不能拆木工，不能翻地板。西林山庄是宝贵的私有财产，租给我们是用来搞研究的，不是搞破坏的。”

“我以为你更在乎的是真相，老蒙。”

“我当然想知道真相，”蒙博士踱到棋桌旁，拿起一个马愤怒地盯着，看上去像是在强迫自己靠数数消气。

“唉，传道的路上真是得有耐心啊！”蒙夫人叹道，“但我必须给你念念快结束的时候，我们收到的一小段讯息。亚瑟，东西在你那儿吗？”

亚瑟开始在一沓纸里翻拣。“就在那个你要给你姑姑送花的后面，”蒙夫人说，又向大家解释道，“通灵板有一个灵媒叫玛格丽特，特别喜欢亚瑟，总是帮他给亲戚带话什么的。”

“也不是什么很严重的病，”亚瑟表情沉重，“但还是送点花比较好，交给玛格丽特去办最放心了。”

“瞧，”蒙夫人挑出了几张纸，迅速地扫了一遍；纸上全是横七竖八的铅笔字，蒙夫人皱着眉，快速翻了几页。“这里，亚瑟，你来念问话，我来念回答；这样听起来好懂一些。”

“开始吧，”亚瑟从蒙夫人的身后探出脑袋，轻快地说，“让我瞧瞧，从这里开始吗？”

“从‘你是谁’开始。”

“好的，你是谁？”

“娜娜，”蒙夫人用尖细的嗓音念道。艾琳娜、西奥多拉、路克和蒙博士扭过头来，仔细听着。

“全名？”

“艾琳娜，娜娜，娜娜，娜娜。他们有时候是这样的，”蒙夫人停下来解释道，“会重复好几遍，确保我们收到准确无误的讯息。”

亚瑟清了清嗓子：“你想要什么？”

“家。”

“你想回家？”西奥多拉朝艾琳娜调皮地耸了耸肩。

“想回家。”

“你在这里干什么？”

“等。”

“等什么？”

“家。”亚瑟停下来，故作深沉地点头道，“又说了一遍；喜欢一个字，就一遍一遍地说，就为了听那个的音。”

“通常我们不会问为什么，”蒙夫人说，“因为如果原因太复杂，可能会把通灵板搞糊涂。但这次我们大胆地试了一下，直接问了。亚瑟？”

“为什么？”亚瑟念道。

“妈妈，”蒙夫人念道。“你们看，这次我们问对了，因为通灵板这次一点也没有忌讳。”

“你的家是西林山庄吗？”亚瑟平静地念道。

“家。”蒙夫人答道。蒙博士叹了口气。

“你痛苦吗？”亚瑟念道。

“这里没有回答，”蒙夫人点头道，“有时候它们不愿承认苦痛，免得影响我们活着的人。就像亚瑟的姑姑，病了从来不说，但玛格丽特总是会告诉我们。人死了之后越发会这样。”

“总是默默忍受，”亚瑟说，然后接着念道，“我们可以帮你吗？”

“不。”蒙夫人念道。

“我们能为你做些什么吗？”

“不。迷失，迷失，迷失，”蒙夫人抬起头，“看见了吗？一两个字，一直说。有的话它们喜欢来回说。我有时候一个字能写上好几页。”

“你想要什么？”亚瑟念道。

“妈妈。”蒙夫人答道。

“为什么？”

“孩子。”

“你妈妈在哪儿？”

“家。”

“你家在哪儿？”

“迷失，迷失，迷失。这之后就都是些胡话了。”蒙夫人说完，把纸合上了。

“从没见过通灵板这么配合过，”亚瑟对西奥多拉说，“难得的经历。”

“可为什么偏偏是娜娜，”西奥多拉有点不高兴，“破通灵板有什么权利不经允许就——”

“骂它是得不到想要的结果的，”亚瑟说，但蒙夫人打断了他，扭过头盯着艾琳娜。“你是娜娜？”她问道，又冲西奥多拉说，“我们还以为你是呢！”

“那又怎样？”西奥多拉回了一句。.

“当然了，并不影响接受讯息，”蒙夫不耐烦地敲着桌子，“只不过刚才介绍的时候应该分清楚一点。通灵板肯定能分辨出你俩的不同，我倒不在乎你们俩谁是谁。”

“别觉得被忽略了，”路克对西奥多拉说，“我们可以把你活埋了。”

“我要是能跟那玩意儿对话，肯定会问些宝藏的问题，谁没事给姑姑送花呀！”西奥多拉说。

他们都小心翼翼地，都避免看我，艾琳娜想，我又被单拎出来了，他们倒是好心，假装什么事儿都没有。“你怎么就觉得那些讯息都是说给我的呢？”她问，感到无助得很。

“听我说，孩子，”蒙夫人把那几张纸扔到了茶几上，“这话我简直说不出口。你已经不是个孩子了，不是吗？可能你有一些通灵的潜质，你自己不知道。”她转过身，“你也真是的，在这儿都待了一个星期了这么点亡灵的讯息都没有捕捉到……炉火该拨拨了。”

“娜娜才不想要亡灵的讯息呢，”西奥多拉握住了艾琳娜冰凉的手，安慰她道，“娜娜想要的是能在床上睡个安稳的好觉。”

宁静，艾琳娜想，我真正想要的是宁静，一个可以让我自由坐卧、让我沉思冥想的安静港湾，一片可以让我做梦和呓语的花田。

4

亚瑟煞有介事地宣布：“我要把总部设在育婴室旁边的这个小房间里，这样你们叫我我也听得见。我会拿支手枪——别紧张，女士们，我不会射偏的——和一个手电，还有一个高分贝的口哨。这样我要是发现什么有价值的东西，或者，呃，需要你们陪伴的时候，就可以迅速把你们召集起来。不过我保证，我不会在夜里打扰你们睡觉。”

蒙夫人解释道：“亚瑟要担起巡逻的重任。每隔一个小时，他会巡视一遍楼上的房间；楼下的房间他就不用管了，因为今晚我在那儿。我们以前也这样做过，不止一次了。跟上吧，各位。”大家一言不发地跟着蒙夫人上了楼，眼见她轻抚着楼梯扶手和墙上的雕刻。“想到这所房子里的生灵正等待着讲述他们的故事，等待着从痛苦中解脱出来，我就觉得欣慰，”她说，“现在，亚瑟要先检查卧室，亚瑟？”

“抱歉，女士们，抱歉，”亚瑟说着，打开了蓝房间的门，艾琳娜和西奥多拉都住在这里。“好雅致的一间房，”亚瑟拿腔拿调地说道，“正适合两位迷人的女士居住；你们不介意的话，我想看看衣柜和床底。”他们看着亚瑟装模做样地趴下，往床底下看了看，爬起来。“相当安全。”他说。

“我的卧室在哪儿？”蒙夫人说，“那个小伙子把我的行李搁哪儿去了？”

“就在走廊的尽头，我们管它叫育婴室。”蒙博士说。

蒙夫人向走廊尽头走去，后面跟着亚瑟。经过寒区的时候，她打了个寒战。“我得多要条毯子，让那个小伙子从别的房间再拿几条毯子来。”她打开门，点头说道，“床看着还不错，这个没得说，不过屋子通过风了吗？”

“我跟达利夫人交代过的。”蒙博士说。

“闻着还是有点霉味儿。亚瑟，你去把那扇窗户打开，虽然有点冷。”

育婴室墙上的动物无精打采地看着蒙夫人。“你真的要……”蒙博士迟疑道。他忧心忡忡地望了一眼门上两张龇着牙的笑脸，说道，“我觉得还是应该留个人在这儿陪你。”

蒙夫人被这多余的担心逗乐了，可能因为有亡灵在场，她也幽默了几分。“亲爱的，多少次，因为有真挚的爱和理解，我独处一室而不觉得孤单？亲爱的，怎样才能让你相信，在爱、同情和理解面前，是没有危险的？我在这里，是为了帮助那些冤魂，向他们伸出温情之手，让他们知道，有人记得他们，有人会倾听他们的故事，会流下同情的泪水，他们将不再孤单，而我——”

“好吧好吧，”蒙博士说，“但是得把门开着。”

“行吧，我可以不锁。”蒙夫人潇洒地说。

“我就在楼下，既然亚瑟要巡逻，我就不多费周章了。不过你有什么事就叫我，我听得见。”蒙博士说。

蒙夫人笑着朝他摆摆手，“这几位比我更需要你的帮助。我自然会不遗余力，不过他们真的非常非常脆弱，心又硬，眼又瞎。”

亚瑟已经检查完楼下的卧室回来了，有模有样地朝蒙博士点了个头：“都看过了，没有问题，可以去睡觉了。”路克跟在后面，忍俊不禁。

“谢谢，”蒙博士认真地答道，然后对妻子说，“晚安。注意安全。”

“晚安，”蒙夫人答道，又微笑着环顾大家说，“大家别害怕，不管发生什么，我都会在这里。”

“晚安。”西奥多拉说。“晚安。”路克说。亚瑟又强调一遍，他不会吵到他们睡觉，让他们即使听见枪声了也不要害怕，还说他午夜会开始第一趟巡逻。艾琳娜和西奥多拉回到房间，路克也下楼回房了。蒙博士没磨蹭多久，就被蒙夫人赶了出来，跟着路克下楼了。

“先别忙，”西奥多拉回房之后，对艾琳娜说，“路克让我们下楼去找他们；先别换睡衣，轻点儿。”她把门开了一条小缝，对身后的艾琳娜低声道，“我看那个老巫婆只怕要把西林山庄闹翻天，成天爱呀爱的；西林山庄是天底下最谈不上纯爱的地方了。听，亚瑟回房了。快，别出声。”

她们脱了鞋，穿着袜子蹑手蹑脚从地毯上走过，下楼来到蒙博士的房间。“快，”蒙博士等在门口，把门开出一条小缝，刚好够她们进去，“轻点儿。”

“这太危险了，”路克把门掩上，过来坐到地上，说，“那家伙拿着枪，指不定会伤到谁。”

“这样太不好了，”蒙博士非常担忧，“我和路克会连夜观察，我希望你们二位可以待在这里，也好有个照应。今晚会有事情发生，这样太不好了。”

“我只希望她不要成天神神叨叨的，拿着个通灵板晃来晃去，”西奥多拉说，“对不起啊，蒙博士，我不是故意要说您夫人坏话的。”

蒙博士笑了，但依然警觉地盯着门口。“她本来是打算全程跟我们一起的，但是我们的行程和她的瑜伽班有冲突，所以前几天才没来。她在很多方面都很出色，”他诚挚地望着他们，补充道，“她是个好妻子，把我也照顾得很好。她很多事都处理得很棒，真的，是我的贤内助。”他欣慰地笑了。“这个，”他指了指楼上，“可就是这个，是她唯一的缺点。”

“可能她觉得这样是在帮你。”艾琳娜说。

蒙博士做了个鬼脸。这时候，门突然开了，又猛地关上。一片寂静中，只听外面有悉悉索索的响声，好像是一股强风吹彻走廊。他们你看着我，我看着你，想挤出一点笑容来。楼下传来敲门声，伴着风声，寒意渐渐袭来，他们竭力保持镇静。西奥多拉一声不吭，从蒙博士的床头抱了一床被子，裹住自己和艾琳娜。俩人小心翼翼地挪到一起，生怕弄出一点声响。艾琳娜紧紧抓着西奥多拉，尽管被她搂着，还是觉得冷得不行。她想，它知道我的名字，这次它知道我的名字了。撞击声来到了楼上，每一步都发出巨响。蒙博士紧张地站在门后，路克也过去站在他身旁。“离育婴室还远着呢！”路克说道，拦住蒙博士没让他开门。

“敲来敲去有什么意思，”西奥多拉莫名其妙地来了一句，“明年夏天，我真得换个地方待待。”

“哪里都有好有坏，”路克说，“在湖边吧，蚊子又多。”

“西林山庄是不是也就这么点招数了？”西奥多拉说道，尽管语气若无其事，可还是能听到她的声音有些颤抖。“这敲门的伎俩我们又不是没有经历过；难道要把所有的把戏都重演一遍不成？”撞击声回荡在走廊里，似乎是从另一端传来的，刚好和育婴室相对的那一端。蒙博士焦虑地守在门口，频频摇头，“我得去那边看看，她可能会害怕。”他对大家说。

艾琳娜随着撞击声摇晃着，那声音似乎不在走廊里，而在她脑子里。她紧紧抓着西奥多拉，说：“他们知道我们在这儿。”其他人以为她指的是亚瑟和蒙夫人，点点头继续聆听。艾琳娜捂着眼睛，跟着撞击声的节奏摇摆；她告诉自己，撞击声会一直持续下去，直到走廊的尽头，然后再折回来，像以前一样，撞啊撞，然后停下来，然后我们会面面相觑，开始大笑，想起刚才多么的冷，背脊上一阵发凉；过一会儿声音就会停的。

“它没有伤害过我们，”在撞击声中，西奥多拉冲蒙博士喊道，“也不会伤害他们的。”

“但愿她不要轻举妄动。”蒙博士担忧地说。他还站在门边，但外面的声响太大，他也不敢贸然开门。

“我强烈怀疑这次是个老手，”西奥多拉对艾琳娜说，“过来点儿，娜娜，别冻着了。”毯子下，西奥多拉把艾琳娜又拉近了些，可那砭人肌骨的寒冷依然挥之不去。

然后它来了，毫无预兆，悄无声息，他们都见识过的，那悄悄蔓延的寂静。他们屏息凝神，看着对方。蒙博士双手抓着门把；路克尽管脸色苍白、声音颤抖，还是故作轻松地说：“来点白兰地吗？我都快变成酒鬼了——”

“打住，别开玩笑了。”西奥多拉咯咯地笑。

“抱歉。我这么说你可能不信，但我已经不把它当作玩笑了。生活在闹鬼的地方，幽默感都变了味。”路克说。他倒了一杯酒，酒壶和酒杯发出清脆的碰撞声，然后双手捧到西奥多拉和艾琳娜跟前，西奥多拉伸手接了过去，把酒杯放到艾琳娜嘴边，说：“来，喝了它。”

艾琳娜抿了一口，一点也不觉得暖和，她想，我们正在风眼中，平静的时间不多了。她看着路克小心翼翼地拿了一杯酒给蒙博士，然后又眼睁睁地看着门剧烈地摇晃，却没有声音，酒杯从路克的指间滑落下来。路克赶紧把蒙博士往回拉，门被无声地撞击着，好像随时都会挣出门框，砸下来，让他们暴露无遗。路克和蒙博士退后了几步，等待着，气氛绝望而紧张。

“它进不来的，”艾琳娜紧盯着门，一遍一遍地低声道，“它进不来的，别放它进来，它进不来的——”撞击停止了，门外又恢复了平静，接着，外面有什么东西又在轻触门把，那轻触中透着一种亲昵和温柔。门是锁着的，它开始轻拍门框，像是要哄他们开门。

“它知道我们在这儿。”艾琳娜小声说道。路克回过头，做了个不满的手势，让她别说话。

真冷啊，艾琳娜孩子似的想；脑袋里尽是这样的噪音，让人还怎么睡觉啊；声音明明在我脑袋里，他们为什么会听到？我正在一寸一寸地消融进这所宅子，我被这噪音敲打，正一点一点地破碎；可他们为什么要害怕呢？

她感到一点也不新鲜，敲击又开始了，那金石之声又潮水一般地涌了过来。她把凉冰冰的手放到嘴边，看脸还在不在。我受够了，艾琳娜想，实在是太冷了。

“在育婴室门口，”路克紧张地说，声音在嘈杂中却异常的清晰，“在育婴室门口；别。”路克伸出手，没让蒙博士开门。

“纯爱，”西奥多拉放肆地说，“纯爱。”然后又笑个不停。

“只要他们不开门——”路克对蒙博士说。蒙博士耳朵紧贴在门上，仔细聆听，路克抓着他的胳膊，不让他轻举妄动。

新的声音要来了，艾琳娜一边想，一边谛听着自己脑内的声响；要变了。可能自知没有效果，撞击声停止了，现在，走廊里是新一轮的异响，像是一只动物在来回踱步，异常耐心，一扇门一扇门地看，对门内的每一点动静都十分警觉，然后又响起了艾琳娜熟悉的呢喃。这声音，难道是我发出的吗？她一闪念，是我吗？然后听到门外幽微的嘲笑声。

“Fe-fi-fo-fum[①]，”西奥多拉压着嗓子念道，笑声逐渐变大，变成叫喊声。它在我的脑子里，艾琳娜想着，拿手捂住脸，它在我的脑子里，要出来了，要出来了，要出来了——

房子在震荡，窗帘猛地贴上窗户，家具也在晃动，走廊里的声音震耳欲聋。他们听到玻璃打碎的声音，墙上的画掉下来了，或者窗户砸碎了。路克和蒙博士使劲拉着门，生怕它被打开，地板在他们脚下震颤。我们走了，我们走了，艾琳娜想着，又听见西奥多拉在说话，那声音似乎遥

---

①Fe-fi-fo-fum：应该是英国童谣《杰克与魔豆》中的一句歌词，全诗为：Fee-fi-fo-fum / I smell the blood of an Englishman / Be he live, or be he dead/ I'll grind his bones to make my bread.（Fe-fi-fo-fum，我闻道英国人的气味了，管他是死是活，我都要碾碎他的骨头做面包。）

不可及："房子都要垮了。"她听上去倒很平静，一点也不害怕。艾琳娜抓着床沿，怕从床上甩下来，垂下头，闭着眼睛，冻得咬紧嘴唇，然后感到一阵坠落的眩晕，好像整个房间都要垮下去似的，最后终于落了地，慢慢，旋转。"老天爷呀，"西奥多拉说。在遥远的门边，路克搀扶着蒙博士。

"你还好吗？"路克喊道，还顶着门，抓着蒙博士的肩膀。"西西，你还好吗？"

"我还挺得住,就是不知道娜娜怎么样。"西奥多拉说。

"给她保暖,"路克说,声音似乎很远,"还没完呢！"他的声音越来越小。艾琳娜看到他在房间那头，似乎离她很远，路克、蒙博士和西奥多拉在那边等待着；在翻江倒海的黑暗中，她感到一切都那么的不真实，只有那双抓着床柱的手，筋骨毕现，毫无血色。在她眼里，他们那么遥远，那么渺小，床一晃、墙一斜、门一动，就万分紧张。好像有一个庞然大物正迎面而来，发出猛烈的撞击声；肯定是塔楼，艾琳娜想，我还以为它会屹立不倒；这下我们全都要迷失了，迷失；山庄正在自我毁灭。她听到笑声越来越刺耳，越来越疯狂，然后想，不，该结束了。我受够了，我只有缴械投降，我要放弃自己了。它想要什么都可以拿去，反正我什么也不想要。

“我这就来。”艾琳娜说道，像是冲身旁的西奥多拉说的。房间寂静无声，窗帘纹丝不动，透过窗帘的缝隙，可以看见阳光。路克坐在窗边的椅子上，脸上有淤青，衬衣也被扯坏了，还在喝白兰地。蒙博士坐在另一把椅子上，头发刚梳过，看上去干净整洁、沉着冷静。西奥多拉拥着艾琳娜，说：“她应该没什么事。”艾琳娜坐直了，摇摇脑袋，努力看清眼前。房间完好无损，一切都在原位。

“怎么……”艾琳娜刚开口，另外三个人就都笑了起来。

“又一天到来了，”蒙博士说，尽管看起来很精神，声音却有气无力，“又度过了一夜。”

“我就说吧，住在闹鬼的房子里，幽默感都要变形；我真不是故意开那个玩笑的。”路克对西奥多拉说。

“他们——怎么样？”艾琳娜问，她听自己的声音，都觉得有点陌生，嘴巴也很僵硬。

“都睡得很好，”蒙博士说。“事实上，”蒙博士接着说道，好像谈话在艾琳娜睡觉时就已经开始了似的，“我不认为是蒙夫人搅起了这个风暴，但是我也承认，多说一句关于纯爱的话都得……”

“发生什么了？”艾琳娜问；她想，我肯定一晚上都咬紧了牙关，不然嘴巴不会这么僵硬。

西奥多拉说：“西林山庄跳了个舞，害得我们都来了一个午夜狂摆。反正，我管这叫跳舞，可能后来又变成了翻筋斗。”

“快九点了，”蒙博士说，“艾琳娜要是好了的话……”

“快来，宝贝，”西奥多拉说，“西西来给你洗脸，把你收拾干净再去吃早饭。”

第八章

❶

“他们知道达利夫人十点就要收拾餐桌了吗？”西奥多拉盯着咖啡壶问道。

蒙博士有点拿不定主意，“昨晚那么折腾，我不想再把他们吵醒。”

“可是达利夫人十点就要收拾了。”

“他们来了，”艾琳娜说，“我听见他们在下楼。”她想告诉他们，房子里的声音，她都听得见。

紧接着，大家都听到了，不远处，蒙夫人愤怒的声音提到了八度。路克突然意识到，“哦，老天！他们找不到餐厅。”赶紧跑过去开门。

“——好好通通风。”蒙夫人人还没到，大家就已经听到了她的声音。她大摇大摆地走进餐厅，拍了拍蒙博士的肩膀，算是打招呼，又随意地冲大家点了点头，坐了下来。不等其他人张口，她便说道：“我以为你们早饭的时候会叫我呢！东西都凉了吧？咖啡还能喝吗？”

“早上好！”亚瑟蛮不高兴地说了一句就坐下了，脸色也很不好看。西奥多拉为了给蒙夫人倒咖啡，慌慌张张差点打翻了咖啡壶。

“看着倒还有点热气。”蒙夫人说，“我必须跟你们那个达利夫人说说了，那个房间真得好好通通风。”

“昨晚怎么样？睡得——还……还好吗？”蒙博士小心翼翼地问。

“睡得好吗？一点也不好，老蒙，我睡得很不好，一晚上都没怎么睡。那房间简直没法住人。”

“老房子了，有点吵，不是吗？一晚上树枝都在敲窗户，我都快被它逼疯了，一晚上都在敲。”亚瑟说。

“开着窗子房间还是很闷。达利夫人的咖啡做得倒不赖。再来一杯，谢谢。老蒙，我真不明白你怎么会把我放到一间通风不好的屋子里去；要想和亡灵沟通，通风起码要过得去。我一晚上都闻到一股子灰尘味儿。”

“真搞不懂你这个人，”亚瑟对蒙博士说，“被这么个破房子搞得那么焦虑。我拿着手枪坐了一整夜连只老鼠都没抓着。倒霉的树枝还一直敲个不停，真快把我逼疯了。”

“当然啦，我们还是不能气馁。也许今晚会有一些进展。”蒙夫人狠狠瞪了蒙博士一眼，说道。

❷

“西西？”艾琳娜放下笔记本说道。西奥多拉正奋笔疾书，皱了皱眉，抬起头来。“我在琢磨一些事儿。”艾琳娜说。

“我最讨厌做这些记录了，跟个傻子似的，写些疯疯癫癫的东西。”

“我在想……”

“嗯？”西奥多拉笑了笑，“你的表情真严肃，要做什么重大决定了吗？”

“是的，”艾琳娜下定决心，说道，“关于我离开西林山庄以后的决定。”

“是什么呢？”

“我要跟你走。”艾琳娜说。

“跟我去哪儿？”

“跟你回去，回家。我……”艾琳娜扭捏地笑道，“我要跟你回家。”

西奥多拉一头雾水，瞪大了眼睛问道：“为什么啊？”

“从来没有一个人可以让我关心，”艾琳娜说，突然觉得她好像在哪儿听过这样的话，“我想去一个需要我的地方。”

“我可不爱往家里领流浪猫。”西奥多拉打趣地说。

艾琳娜也笑了，“我倒还真像只流浪猫，不是吗？”

“这个嘛？”西奥多拉拿起铅笔，“你有你自己的家，到时候你会迫不及待想回家的。娜娜呀，我的娜娜，到时候我们都会迫不及待想回家的。你是怎么形容昨晚的那些声音的？我不知道该怎么写。”

“我会跟你去的，你知道的，”艾琳娜说，“我就要跟你去。”

“娜娜，娜娜，”西奥多拉又笑了，“你瞧，我们只是在乡间别墅里待了一个夏天而已，不过几周的时间。你回去之后，还有自己的生活，我也有我的生活。夏天结束，我们就会回去。我们会给对方写信，也可能偶尔串串门，但肯定不可能永远待在西林山庄。知道吗？”

“我可以找份工作。我不会拖累你的。”

“我真不明白，”西奥多拉恼火地扔下铅笔，“你难道就爱往不受欢迎的地方钻吗？”

艾琳娜笑了，平静地说道：“从来也没有哪里欢迎过我。”

3

“跟母亲的怀抱一样，”路克说，“一切都那么柔软。到处铺满了软软的垫子。可是你一坐下来，扶手椅和沙发却立刻变硬了，就是不让你坐。”

“西西？”艾琳娜轻唤道，西奥多拉看着她，疑惑地摇了摇头。

“——四周全是手。细软的草像手一样，向你招摇——”

“西西？”艾琳娜说。

“不行，我不会让你来的。我也不想再谈这件事了。”西奥多拉说。

路克看着她们，说道：“恐怕最叫人反感的地方是对球体的强调。我请你们客观地看待碎玻璃粘成的灯罩，还有楼梯上的大圆球灯，还有西西肘边有凹槽的彩虹色糖罐。

餐厅有一个小摆件，是一个孩子捧着一盆脏兮兮的黄玻璃，玻璃里是一个复活节糖蛋，上面画着一群跳舞的牧羊人。一个体态丰满的妇人头上顶着楼梯扶手，休息室里——”

“娜娜，别烦我了。我们去溪边散个步吧，或者别的地方也行。”

“——是一张孩子的脸，在十字绣上。娜娜，别这么愁眉苦脸的，西西只是叫你去溪边散个步。你们要是愿意的话，我也跟你们一块去。”

“随你便。”西奥多拉说。

“帮你们赶跑兔子。你们不介意的话，我可以拿根棍子。或者你们不乐意的话，我也可以不去。全凭西西一句话。”

西奥多拉笑了，“娜娜只怕想待在这儿，在墙上写字呢！”

“这么说太刻薄了，西西。”路克说。

“我还想听在彩蛋上跳舞的牧羊人的故事。”西奥多拉说。

“这是一个裹在糖衣里的世界。六个丁点儿大的牧羊人在跳舞，牧羊女穿着蓝粉花色的衣服斜倚在溪边看着他们；四周鲜花盛开，绿树葱茏，牛羊成群，还有一个人在吹笛子。我都想当个牧羊人了。”

“如果你不是斗牛士的话。”西奥多拉说。

“对，如果我不是斗牛士的话。娜娜的艳遇是咖啡馆里的畅谈，还记得吗？”

“像潘神[①]一样，住在树洞里。”西奥多拉说。

“娜娜，”路克说，“你又走神了。”

“你可能吓着她了，路克。”

“就因为有一天我会继承西林山庄，拥有它无名的宝藏和层叠的锦缎？我可不会善待它的，娜娜；我八成会一口气摔碎那个糖蛋，砸了小孩的手，在楼梯上上上下下大加挞伐，用藤条把碎玻璃灯罩都砸烂，再把那个妇人也摔个粉碎；我还要——”

“看到没有？你真的吓着她了。”

“我看也是。娜娜，我是瞎说的。”路克说。

“我才不信他有藤条呢！”西奥多拉说。

“不瞒你说，我还真有。娜娜，我真的都是瞎说的。她究竟在想什么呢，西西？”

西奥多拉谨慎地说：“她想离开西林山庄之后，让我带她回家，我没答应。”

路克笑了：“可怜的傻娜娜，眷侣相会，旅途方终。

---

① 潘神（Pan）：希腊神话里的牧神，掌管树林、田地和羊群。

我们去溪边吧！”

“有男主人，也有女主人，”他们从游廊走上草地时，路克说，“有男校长，也有女校长。我继承西林山庄以后，肯定是一个很差劲的主人，就像我们的亚瑟校长一样。”

西奥多拉说：“我就不明白怎么还会有人想要西林山庄。” 路克回过头饶有兴趣地看了一眼这所宅子。

“在你看清楚之前，永远也不会知道自己想要什么。如果我压根不可能拥有它，我的想法可能跟现在大不一样。”路克说，“就像娜娜问我的一样，大家究竟想从别人那儿得到什么呢？别人对于你，究竟有什么用呢？”

艾琳娜说：“妈妈的死，都是我的错。她捶着墙一个劲儿地叫我，我却没醒。我应该给她把药拿去的，我以前都是这样的，可她这次叫我我却没醒。”

“都过去这么久了,你应该忘了它才对。”西奥多拉说。

“自那以后我就想，要是我醒了呢？要是我醒了听见她叫我，翻个身接着睡呢？我只怕立马又睡着了，于是我常常会想。”

“这里该拐弯了，如果我们要去溪边的话。”路克说。

“你想的太多了，娜娜。你就喜欢把什么错都归到自己身上。”

“这种事迟早要来的。可是不管它什么时候来，都会是我的错。”艾琳娜说。

“要是没有这事，你也不会来西林山庄。”

路克说：“这里太窄了，没法并排走。娜娜，走前面。”

艾琳娜笑着走到了前面，自在地踏着脚下的小路。现在我知道我要去哪儿了，我跟她说了我妈妈的事，这样就没问题了；我会租一所小房子，像她那样的公寓也不错。我每天都去看她，然后一起去淘换有意思的东西——镶着金边的盘子、白猫、复活节糖蛋，还有星星杯。我再也不会害怕，再也不会孤独了；我就管自己叫艾琳娜，不加什么姓氏了。“你们在说我吗？”她扭过头问道。

过了一会儿，路克礼貌地答道：“娜娜的灵魂正经历着善和恶的搏斗呢！我只能静观其变了。”

“但是显然她不会相信我们的。”西奥多拉说，乐了。

“她肯定是不信的。”路克说。

“还有，娜娜，我们压根没有说你，就跟我是体育老师似的。”她冲路克说，有些嗔怪。

我等了这么久，艾琳娜想，终于等到了自己的幸福。她领着他们，来到山顶，俯视着山林的曲线，刚刚他们就是从那边过来的。在天空的映衬下，山林多么可爱呀，她想，那么挺拔而自在；路克错了，哪里是到处都很柔软呢，明明树都硬得跟木头一样。他们还在说我，说我怎样来到西林山庄，怎样缠上西奥多拉就不放她走了。身后，她听到他们在窃窃私语，有时暗含恶意，有时高声戏谑，有时笑声中透出一丝暧昧，她却只自顾自地走着，听见他们在后面跟着。她能感觉到他们跟在后面，踏入了一片草丛，草叶在脚下窸窣作响，一只蚂蚱跳了开去。

我可以在她的店里帮忙，艾琳娜想，她喜欢漂亮的玩意儿，我可以跟她一起去淘。我们想去哪儿就去哪儿，去到天涯海角都无所谓，想回来就回来。他在跟她讲他所知道的我的事，我可不是那么好收养的，我的心里有一圈夹竹桃的围墙，她在笑，因为我不再孤单了。他们真像，他们真好；我本来没指望他们给予我这么多；我真是来对了，眷侣相会，旅途方终。

她来到了硬硬的树枝下，晒了一路的太阳，还好树荫里十分凉爽；现在她得小心点走了，因为下山的路上常有石子和树根绊脚。身后还能听见他们的声音，时而高谈阔论，时而低语浅笑；我不要回头看，她欢快地想，一回头他们就知道我在想什么了；我和西西以后会谈起这件事，等我们有大把空闲的时候。这感觉真奇怪，她想着，踏上了小溪前最后一段陡峭的山路；我感到奇妙得很，心情愉悦无比。我不到溪边不要张望，刚来的那天她差点在溪边滑到；我会跟她提起溪里的金鱼和我们的野餐。

她在狭窄的溪岸坐下，抱着膝盖，下巴放在膝盖上；她向自己保证，不会忘记生命里的这一刻，她听见他们的说话声和慢慢下山的脚步声。“快点儿，”她喊道，回头寻找西奥多拉的身影，“我——”突然没了声音。山上没有人，只有小路上清晰的脚步声和若有若无的讥笑。

“谁——”她小声问道，“是谁？”

她看见草被踩下去的痕迹。又一只蚂蚱蹦走了，一颗石子滚了开去。她清清楚楚地听见踏在草丛上的脚步声，转过身去，也感到笑语声近在咫尺；“艾琳娜，艾琳娜。”她听到脑袋里里外外都是这个声音；这是她一生都在聆听的呼唤。脚步声停了下来，她趔趄了一下，又被凝固在了空气中。“艾琳娜，艾琳娜，”她听见风吹过耳朵的声音，“艾琳娜，艾琳娜，”她被抱得紧紧的。一点也不冷。她闭上眼，倚在溪岸边，想着，别赶我走，我要待在这里，待在这里，然后，凝固的空气松开了她，她瘫软下来；“艾琳娜，艾琳娜，”呼唤声又向她袭来，她站在溪边，浑身颤抖，太阳似乎隐去了光辉，她看见有脚步趟过小溪，留下涟漪，又踏上对面的草地，缓缓爬上了山坡。

回来，她几乎要说。她颤抖地站在岸边，然后转过身，疯狂地朝山上跑去，一边跑一边哭一边叫：“西西？路克？”

她在一片树丛旁发现了他俩，正倚在树旁，柔声细语，相谈甚欢；她跑过去时，他们转过身来，一脸惊愕，西奥多拉很不高兴。“这次你究竟又想干什么？”她说。

“我在小溪旁等你们——”

“我们想待在这儿，这儿凉快，”西奥多拉说，“我们叫了你的。对不对，路克？”

“哦，是的，”路克有些尴尬，“我们以为你听见了。”

“再说啦，我们本来也正打算过去呢，是不是，路克？”西奥多拉说。

“是啊，是啊。”路克咧嘴笑了笑。

“有可能是地下水的缘故。”蒙博士挥舞着叉子说。

“一派胡言。这些都是达利夫人做的吗？这个笋子还真不错。亚瑟，让那个小伙子给你夹点笋子。”

“亲爱的，”蒙博士温柔地看着妻子，“我们习惯了午饭后歇息个把钟头，你要是——”

“没那个必要，我要做的事儿太多了。我必须跟你的厨子谈谈，要确保我的房间通风，我还得为今晚的通灵做准备；亚瑟也得保养他的手枪。”

“枪不离手，随时待命。”亚瑟附和道。

“你，还有这些年轻人，想休息当然可以休息。可能你们不像我这样，有一种要帮助这些可怜游魂的紧迫感；也许你们觉得我很傻，竟然会同情他们；在你们眼中，我可能荒唐透顶，因为我竟会为他们的无助而流泪；纯爱——”

“打槌球吗？”路克赶紧转移话题，“打槌球不打？羽毛球怎么样？还是槌球？”他急切地看着大家，建议道。

“您刚刚说什么地下水？”西奥多拉也帮腔道。

“我可不搞这些花架子，”亚瑟坚定地说，“我跟学生说那是轻浮浪子的行径。”他若有所思地看着路克，“花拳绣腿，轻浮浪子，占女人的便宜。我的学生向来自力更生，这才是大丈夫。”

“您还教他们些什么呢？”西奥多拉礼貌地接下话头。

“教？你是说——我的学生们都学些什么？你指的是——代数之类的？拉丁文？都学，都学。”亚瑟靠到椅子里，感到非常满足，解释道，“这都是教师们干的活。”

“那您学校里有多少学生呢？”西奥多拉身体前倾，彬彬有礼，兴致勃勃，跟客人攀谈着，亚瑟也十分受用；桌子那头，蒙夫人皱起了眉头，不耐烦地敲了敲桌子。

“有多少？我想想。组建一支精锐的网球队还是绰绰有余的。训练有素，绝对一流。”他春风满面，“不算女里女气的吧？”

“不算，”西奥多拉说，“女里女气。”

“噢，网球，高尔夫，棒球，跑步，板球。”他神秘地笑道，“想不到我们还玩板球吧？还有游泳，排球。有的人什么都能来，全能手。都算上的话，只怕有几十上百种。”他迫不及待地要在她面前炫耀。

“亚瑟？”蒙夫人终于按捺不住了，“别三句话不离本行，你可是来度假的。”

“是是是，我傻了，”亚瑟讨好地笑道，“得去检查武器了。”

“两点了，我该收拾桌子了。”达利夫人在门口说。

西奥多拉在大笑。艾琳娜藏在凉棚的影子下，手捂着嘴，免得发出声音，被他们发现。我可得搞清楚，她想，我可得搞清楚。

“叫作‘花园谋杀案’，”是路克的声音，“很好听，想听的话我可以唱给你听。”

“轻浮浪子，”西奥多拉又笑了，“可怜的路克，要是我的话，我就说‘地痞流氓’。”

“你要是更想跟亚瑟共度这个宝贵的钟头……”

“我当然更想跟亚瑟待着，谁不愿意谈笑有鸿儒呢？”

“板球，”路克学舌道，“想不到我们还玩板球吧？”

“唱吧，唱吧。”西奥多拉一面笑着，一面说道。

路克唱了，带着鼻音，每一个字都夸张得不行：

“先是年轻的格兰顿小姐，
她拼命死守，不让他进；
他用去死皮刀刺向了她，
罪行就这样开始。

“下一个是格兰顿姥姥，
年老头白势力单；
她跟坏人勇搏斗，
直到筋疲力尽丧黄泉。

“格兰顿爷爷是第三个，
坐在炉边正打盹；

他悄悄爬到他身后，
一根电线送他上了西天。

“最后是格兰顿小宝宝，
还在摇篮里睡得香；
他按住他的小胸脯，
把他杀死在了摇篮中。

“还把烟液吐在了，
孩子金色的头发上。”

唱完之后两人都沉默了片刻，接着西奥多拉假意说道：“很好听，路克。简直太好听了。我以后每次听到都会想起你的。”

“我打算把它唱给亚瑟听。”路克说。他们什么时候才会谈到我？艾琳娜在阴影中琢磨。过了一会儿路克又闲扯道：“不知道蒙博士的书会写成什么样？你说他会把咱们也写进去吗？”

“你肯定会被写成一个热忱的灵异研究员。我呢？则是一个天赋异禀却放荡不羁的女人。”

“说不定还有一章专门讲蒙夫人。”

“还有亚瑟，还有达利夫人。但愿他不要给我们单列个名字就了事。”

“我琢磨，我琢磨，今天下午有点热，干点儿什么凉快的事好呢？”路克说。

“我们可以叫达利夫人榨点柠檬汁喝。”

“你知道我想干什么吗？”路克说，“我想去探险。我们沿着小溪上到山上，看看它的源头吧！说不定还有个池塘可以游泳呢！”

“或者是瀑布，那条小溪看着像是从瀑布上下来的。”

“来吧！”凉棚后，艾琳娜听见他们欢笑着飞奔进了屋里。

“这就有点意思了，”亚瑟好像努力想活跃一下气氛，“瞧瞧这本书，讲的是怎么用普通的儿童蜡笔做蜡烛。”

“真有意思，”蒙博士懒懒地说，“抱歉，亚瑟，我还有很多记录要写。”

“当然，蒙博士。大家都得干活，不说话了。”艾琳娜躲在活动室外，听见亚瑟消停下来时发出的不满的嘟囔。

“这附近也没有什么娱乐吧？你们都是怎么打发时间的？”亚瑟又开口道。

“工作。”蒙博士不愿多说。

“把房子里发生的事都写下来？”

“是的。”

“把我写进去了吗？”

“没有。”

“我觉得你应该把我们用通灵板得到的信息写进去。你现在在写什么？”

“亚瑟，你能看会儿书，或者干点什么吗？”

“当然，我可不想讨人嫌。”艾琳娜听见亚瑟拿起一本书，又放下，又点燃一支烟，又叹了口气，又终于忍不住说道，“我说，这附近到底有没有什么娱乐呀？他们都干什么去了？”

蒙博士耐着性子，冷冷地说：“西奥多拉和路克应该是探索小溪去了。其他人应该也在附近什么地方。我夫人应该是去找达利夫人了。”

“哦，”亚瑟又叹了口气，“我想我还是看书吧！”过了一会儿，他又说：“我说，蒙博士，我不是想打扰你，但是你听这书里说的……”

7

“太荒唐了，”蒙夫人说，“我不赞成就这样让年轻男女随随便便住在一起，达利夫人。要是我丈夫事先咨询了我的意见，我肯定不会让他这么做——”

“哎呀，”是达利夫人的声音，艾琳娜贴在餐厅的门上，盯着门板，嘴大张着。“我不是总跟你说嘛，蒙夫人，人一辈子就年轻一次。他们想好好享受青春，也是再自然不过的。”

“可是同住一个屋檐下——”

“他们也不小了，知道什么是对，什么是错。那位可人的西奥多拉小姐知道该怎么保护自己，尽管路克先生满嘴甜言蜜语。”

“给我一块干的洗碗布，达利夫人，好把银器擦干。这年头，孩子们都太早熟了，我看不是什么好事。成人的世界应该神秘一点，不能轻易就让他们尝到甜头。”

“那他们不就得多吃苦头了吗？”达利夫人听起来很是从容自在，“达利今天早上从花园里摘了些番茄过来，今年番茄收成不错。”

“我现在就开始切吗？”

“哎，先别忙活了。坐下歇会儿吧，你做得够多的了。我烧点水，咱们沏壶茶喝。”

8

“眷侣相会，旅途方终，”路克一边说，一边冲着房内的艾琳娜笑，“西西穿的那条蓝裙子真的是你的吗？我怎么没见你穿过？”

“我是艾琳娜，因为我有胡子。”西奥多拉狡黠地说。

“幸亏你带了两个人的衣服过来，西西要是穿我的旧西装肯定没现在这么漂亮。”路克对艾琳娜说。

西奥多拉说：“我是艾琳娜，因为我穿着蓝裙子。我喜欢艾琳娜的‘艾’，因为它有‘美好’的意思。她叫艾琳娜，因为她觉得自己是少爱。”

她好刻薄，艾琳娜远远地想。她似乎可以离得很远来审视这些人，听他们的谈话。现在她想，西西在讥讽我，路克倒想表现得友好一点，他肯定是因为笑话了我，再加上西西讥讽我而过意不去。“路克，”西奥多拉说，有意无意地瞥了一眼艾琳娜，“过来再唱歌给我听。”

“等会儿吧，”路克不自在地说，“蒙博士刚把棋摆好。”说完赶紧溜了。

西奥多拉有些生气，把头靠在椅背上，闭上眼睛，决心不再开口。艾琳娜坐在那里，低头看自己的手，听着房子里的声响。楼上一个房间的门轻轻关上了。一只鸟在塔楼上歇息了一会儿， 又飞走了。厨房里炉子升起火，又熄了，发出轻微的爆裂声。有动物——是兔子吗？——从凉棚旁的草丛中穿过。她甚至可以听见，阁楼上灰尘的轻舞，木头老化的叹息。只有书房的声音她听不到。她听不见蒙夫人和亚瑟用通灵板时沉重的呼吸声，也听不见他们抛出的一个个问题。她听不见书本腐烂的声音，也听不见从铁旋梯蔓延到塔顶的锈迹。在这个活动室里，她甚至都不用抬眼，就能听见西奥多拉不耐烦地敲着桌子和棋子落下的轻微声响。突然，她听见书房的门猛地打开，愤怒的脚步声来到了活动室，蒙夫人推门冲了进来，大家齐刷刷望了过去。

“我不得不说，”蒙夫人怒气冲冲，“我不得不说，这太气人了——”

“亲爱的，”蒙博士站了起来。蒙夫人愤怒地挥手让他走开，“你但凡是有点良心——”

亚瑟尴尬地从她身后钻出来，溜到了壁炉旁的一把椅子里。西奥多拉转向他的时候，他摇了摇头。

“太没良心了。老蒙，再怎么说，我和亚瑟这么大老远来，都是为了帮忙。我完全没有料到你竟然会这么怀疑、排斥，还有你们——”她望向西奥多拉和路克，“我想要的，我想要的，只是最起码的一点信任，和对我所做努力的一点体谅，可是你们却只管不信、嘲讽、轻视、奚落。”她喘着气，脸红脖子粗，对蒙博士摆着手，“通灵板今晚不会跟我说话了。一个字也得不到，就因为你们的嘲讽和怀疑。它甚至很可能一连几个星期都不跟我说话——以前就发生过这种情况，我可以告诉你，以前它遇到奚落时，就这样过。真想不到我好心好意过来帮忙，竟连最起码的尊重都得不到。”她气得话都快说不上来了。

“亲爱的，我向你保证我们没有人故意捣乱。”蒙博士说。

“嘲笑，奚落，你们没有吗？不相信，通灵板的一字一句摆在眼前，不还是不相信吗？这些年轻人还不够傲慢无礼吗？”

“蒙夫人，我们……”路克刚开口，蒙夫人就冲到旁边坐了下来，嘴唇紧闭，眼放怒火。蒙博士叹了口气，想说话，又憋了回去。他转过身，示意路克接着下棋。路克会意，回到了棋桌旁。亚瑟在椅子里扭向西奥多拉，对她低声说，“从没见她这么沮丧。等通灵板发话太折磨人了。

通灵板非常易怒，对周围的环境十分敏感。”他自认为圆满地解释了刚刚的状况，于是又满意地坐了回去。

艾琳娜没怎么听，她还在倾听房里的声音。有人在走动，好像是路克在来回踱步，自言自语；难道是一种下棋的技巧？是在哼？还是在唱？有一两次她能分辨出只言片语，然后声音又低了下去；可路克就坐在棋桌边，艾琳娜扭过头去，望着空荡荡的房间中央，那儿有人在走动，在轻声哼唱，然后她清晰地听见：

穿，穿过山谷；
穿，穿过山谷；
穿，穿过山谷；
一如既往……

奇怪，我听过这个。艾琳娜微笑着，仔细聆听这若有若无的乐声；我们玩过这个游戏，我记得。

“通灵板是相当精密复杂的仪器，”蒙夫人在跟西奥多拉讲通灵板的事，她还在生气，但在西奥多拉的关注下已经消了不少，“一丝一毫的怀疑都会冒犯它。换作是你，别人不相信你，你会怎么想？”

跳，跳出窗户；
跳，跳出窗户；
跳，跳出窗户；
一如既往……

声音很轻，可能是个孩子的声音，音色甜美，细若游丝，艾琳娜想起了什么，露出了笑容；那声音比蒙夫人的讲述声清晰多了。

去，去见情郎；
去，去见情郎；
去，去见情郎；
一如既往……

她听见这细微的乐声渐渐消失，感觉到有人向她走来，带来空气的流动，什么东西几乎要刷到她的脸了；像是冲着她脸颊的一声轻叹，她赶紧扭过身去。路克和蒙博士还在棋桌旁，亚瑟向西奥多拉侧着身子，蒙夫人还在说话。

他们都没有听到，她高兴地想；只有我听到了。

第九章

❶

艾琳娜从外面轻轻关上了卧室的门，不想吵醒西奥多拉，尽管她知道西奥多拉睡得很沉，关门的声音完全吵不醒她。她告诉自己，在照顾母亲的几年中，我养成了夜里警醒的习惯。走廊里很暗，只有楼梯上夜灯的微光，所有的门都紧闭着。艾琳娜赤着脚，悄无声息地在地毯上走着，她想，真有趣，这是我所知道的房子里，唯一不用担心夜里弄出声响的，起码不用怕别人知道是你。她醒来的时候，想的是要去趟书房。她还给自己找了个理由：我睡不着，她解释给咱自己听，所以我要下去找本书看。谁要是问起我在干什么，我就说我睡不着，去找本书看。

今夜很暖，暖得人舒舒服服、昏昏欲睡。她赤着脚悄悄下了楼，还没来得及想，就到了书房的门口。但我不能进去，没人允许我进去——她退缩了，在书房门口，陈腐的气息让她恶心。“妈妈。”她叫出了声，赶紧往后退了几步。“来吧！”一个声音清晰地从楼上传来。艾琳娜转过身，焦急地跑到楼梯口。“妈妈？”她轻唤道，“妈妈？”一阵轻柔的笑声向她飘来，她跑了起来，上气不接下气，在楼上走廊里停下，左看看，右看看，全是紧闭的房门。

“你就在这附近，”她说，回声游荡在走廊里，“这附近……这附近……”

艾琳娜笑着循着声音，悄无声息地跑到了育婴室门口；寒区不见了，她抬起头，冲着门上的两张笑脸笑。“你在里面吗？”她在门外低声问道，“你在里面吗？”然后用拳头咚咚咚敲门。

“嗯？”是蒙夫人，显然刚被吵醒，“进来吧，外面的朋友。”

不，不，艾琳娜想，抱着自己，无声地笑，不要在这里，不要和蒙夫人在一起。然后悄悄地溜走了。她听见蒙夫人在后面喊，“我是你的朋友，我不会伤害你的，进来告诉我你的烦恼吧！”

她不会开门的，艾琳娜明智地想；她虽然不害怕，但是也不会开门的，然后她开始咚咚咚地敲亚瑟的门，听到亚瑟醒来的声音。

她跳着舞，踏着脚下柔软的地毯，来到了西奥多拉睡着的房门口。背信弃义的西西，她想，残忍刻薄的西西，起来吧，起来吧，起来吧！她使劲敲着门，狂笑着，转动着门把手，然后迅速下楼，去敲路克的房门；起来吧，她想，起来，和西西一起背信弃义吧！没人会开门的，她想；他们会坐在里面，裹着毯子，一边哆嗦，一边担心接下来会发生什么；起来吧，她敲着蒙博士的房门；我看你敢不敢开门，看我在西林山庄的走廊上起舞。

突然，西奥多拉的叫声吓了她一跳，“娜娜？娜娜？蒙博士，路克，娜娜不见了！”

可怜的房子，艾琳娜想，我把艾琳娜给忘了；现在他们要开门了，她赶紧跑下楼梯，听见身后蒙博士急切的说话声，听见西奥多拉在叫，“娜娜？艾琳娜？”他们真傻，现在我非进书房不可了。“妈妈，妈妈，”她轻轻唤道，“妈妈。”她站在书房门口，感到很不自在。身后，她听见他们在走廊上交谈；真有趣，她想，我可以听见整栋房子的声音，甚至能听见蒙夫人在抱怨，然后是亚瑟，还有蒙博士，他清晰地说道：“我们得去找她，大家都行动起来。”

那么，我也可以行动起来。她跑下楼梯，来到活动室。门推开时，壁炉里还闪烁着火光，棋子还待在路克和蒙博士离开时的位置，西奥多拉戴了的围巾还搭在椅背上；她女仆的倒霉围巾，我也能搞定。艾琳娜拿起围巾一端用牙咬住，开始撕扯，听见他们快过来了，赶紧丢下。蒙博士一行人下来了，个个心急如焚，商量着先上哪儿去找，时不时喊一句，“艾琳娜？娜娜？”

“来了？来了？”她听见房子里很远的地方传来了回答，她听见他们脚下的楼梯在晃动，草坪上的一只蟋蟀跳了起来。她此刻勇敢无比、欢欣异常；她跑下楼梯，来到前厅，从书房门口向他们张望。他们紧紧挤在一起，每一步都小心翼翼，蒙博士的手电筒在大厅里扫射一圈后，停在了门口，大门敞开着。然后，一股脑儿地，都叫了起来：“艾琳娜？艾琳娜！”他们一齐穿过大厅，来到门前，又是看又是喊，手电筒的光来回闪烁。艾琳娜扒在门后，笑得眼泪都快出来了。他们真傻，我这么容易就骗了他们。他们又慢、又聋、沉重不堪；就知道四处践踏，到处乱翻，肆意窥探。她跑过大厅，穿过游戏室，从餐厅来到了四面都是门的厨房。这里不错，我要是听见他们过来，可以从任何方向跑掉。等他们回到前厅，跌跌撞撞，大呼小叫，她迅速冲上游廊，来到了凉夜中。她背靠门站着，山庄周围的雾气环绕在她脚边。她抬头望着黑压压的山丘，心想，西林山庄真幸运啊！有群山环绕，多么安全，多么温暖呀！

“艾琳娜？”他们越来越近了，她沿着游廊，闪入了休息室；“休·克雷恩，可以和我跳支舞吗？”她向那个巨大而前倾的雕像行了个屈膝礼，它的眼睛闪烁了一下，光线反射到小雕像和椅子上。她跳了一支肃穆的舞，休·克雷恩注视着她，闪着微光。“跳，跳出窗户，”她唱道，感觉有人在拉着她的手起舞。“跳，跳出窗户。”她来到游廊上，围着房子起舞。我可以围着房子，一圈一圈又一圈，没有人看得到我。她碰到了一扇厨房门，六英里外达利夫人在梦中哆嗦了一下。她来到塔楼，被山庄紧紧环绕的塔楼，被山庄抓住不放的塔楼，她从灰色的石墙边慢慢走过，连外墙都不敢触碰。然后她拐了个弯儿，来到大门前；门已经关上了，她伸出手，毫不费力就把它打开了。我就这样进入了西林山庄，她告诉自己，然后走了进去，像回到自己的家一样。“我来了，”她高声说道，“我兜兜转转，进进出出，还跳了舞——”

“艾琳娜？”是路克的声音。让谁抓着我都不能让路克抓着我；别让他看见我。她向山庄祈求道，然后转身飞奔，一口气来到了书房。

我来了，我进来了。这里一点都不冷，反而是醉人的温暖。在月光下，她看见铁梯盘旋着伸向塔楼，到达了最顶端的小门。石地板在她的脚下温存，摩挲着她的脚掌；四周的空气抚弄着她的头发，飘过她的指尖，吻着她的双唇；她旋转着起舞。没有石狮，她想，没有夹竹桃；我破除了西林山庄的咒语，来到了城堡内部。我到家了，她想，又停下来细忖这句话的含义。我到家了，我到家了，现在该往上爬了。

这条狭长的铁梯爬起来真是醉人——一步高于一步，一圈又加一圈，她攀着纤细的铁扶手向下望去，石地板已经遥不可及。一边爬，一边向下看，她想到了外面柔软的青草地，连绵的山丘和茂密的树林。抬头望，她想到西林山庄的塔楼傲然矗立在林间，俯瞰着她来时的路；那条路穿过希尔斯代尔，经过开满鲜花的白房子，走过施了魔法的夹竹桃，遇见石狮，然后一直延伸下去，到了那个会为她祈祷的老妇人身旁。时间静止了，她想，所有这一切都已经过去了，而那个可怜的老妇人，还在为我祈祷。

“艾琳娜！”

有一瞬间她记不起来他们是谁了（他们是她请来，到她的石狮宅子里做客的吗？他们会在她的长桌上，映着烛光共进晚餐吗？她是在那家坐落在湍急溪流上的小酒馆里遇见他们的吗？有人是从绿油油的山坡上纵马而来，两边还有彩旗招展吗？有人曾在黑暗中陪她同行吗？然后她想起来了，于是他们的形象也各归其位了）她抓着栏杆，迟疑了。他们那么小，那么没用。他们远远地站在下面的石地板上，指着她；他们叫她，声音是那么急促而遥远。

“路克。”她想起来了。他们听见了，都静了下来。“蒙博士。蒙夫人。亚瑟。”她记不得另一个人的名字了，那一位站在那里，默不作声。

“艾琳娜，”蒙博士叫道，“小心点，转过身去，慢慢下来。千万别着急，艾琳娜。手不要离开栏杆。转过去，下来吧！”

“这家伙到底在做什么？”蒙夫人问道。她还带着卷发夹，穿着一条腹部有龙图案的浴袍。“快点把她弄下来，我们好回去睡觉。亚瑟，赶紧把她弄下来。”

“瞧我的吧！”亚瑟说着。路克已经来到铁梯下往上爬了。

“天哪，小心点儿，这玩意儿已经有点不牢了。”路克稳步向上时蒙博士说。

“它可禁不住你们两个人，掉下来会砸着我们的。亚瑟，过来站到门边来。”蒙夫人命令道。

“艾琳娜，”蒙博士叫道，“转过身慢慢往下走好吗？”

在她头顶，只有那扇通往尖顶的活板门；她站在楼梯顶端狭窄的空间上，用力推着活板门，可门纹丝不动。她徒劳地用拳头捶打着它，抓狂地想，把它打开，把它打开，不然他们就要抓到我了。她向身后瞟了一眼，看到路克正一圈一圈往上爬。“艾琳娜，站在那儿，别动。”他听起来有点紧张。

我逃不掉了，她想着，向下望去；她清晰地看见一张脸，那个名字跃入她的脑海。“西奥多拉。”她说。

“娜娜，照他们说的做。求你了。”

“西奥多拉？我出不去，这门被钉死了。”

“谢天谢地它钉死了，”路克说，“也是算你走运，姑娘。”他慢慢爬上来，快要爬到楼梯顶的平台上了。“站着别动。”他说。

“站着别动。”蒙博士也说。

“娜娜，”西奥多拉说，“求求你照他们说的做吧！”

“为什么？”艾琳娜朝下看去，塔楼的高度让她眩晕。铁梯贴着墙身，在路克脚下勉力支撑，冷冰冰的石地板上是一张张遥远、苍白而惊恐的脸。“我要怎么下去？”她无助地问，“蒙博士——我要怎么下去？”

“慢一点，”蒙博士说，“照路克说的做。”

“娜娜，”西奥多拉说，“别害怕，一会儿就好了，真的。”

“当然一会儿就好了，”路克冷笑道，“说不定最后摔断脖子的是我。坚持住，娜娜，我马上就上来了。我会换到你后面，这样你可以在我前面下去。”他还不至于喘不过气来，但抓着扶梯的手在不停地颤抖，脸上也在冒汗。“过来吧！”他喝道。

艾琳娜退缩了，“上次你让我走前面的时候，你就没有跟着。”

“那我只能把你推下去了，让你栽到地上。快点儿，乖乖地，过来；到我前面来，往下走，”路克又凶巴巴地加了一句，“你就祈祷我能忍住把你推下去的欲望吧！”

铁梯在他们脚下摇摇欲坠，发出痛苦的呻吟。她看着自己扶在栏杆上的手，因为抓得太紧，都已经毫无血色；还有一步一步迈出的赤脚，每一步都那么小心翼翼，但石地板她不再看了。她慢慢往下走着，一遍一遍告诉自己，慢慢地，踏稳每一步，除此之外什么也别想。路克在她身后说：“脚步放稳，放松点儿，娜娜，没什么可怕的，就快到了。”

下面，蒙博士、西奥多拉都不自觉地伸出手来，好像要在她摔下来时接住她；只要她绊一下，踩空一步，扶手一晃，西奥多拉就倒吸一口凉气，跑去扶住栏杆。“没事的，娜娜，”她一遍一遍地说，“没事的，没事的。”

“就差一点儿了。”蒙博士说。

小心翼翼，一步一步，艾琳娜的脚终于踏上了石地板，她自己都不敢相信。身后，路克跳下了最后几级台阶，震得铁梯咣当作响，他径直穿过书房，瘫倒在一把椅子里，身子还在发抖。艾琳娜回过头，望着她刚刚站过的地方，是那么的高不可攀，那铁梯，在塔身上扭曲盘旋。她小声说道：“我跑上去了。我一路跑上去的。”

蒙夫人气势汹汹地从门边走过来，刚刚她和亚瑟躲在那边，怕被塌下来的楼梯砸到。“我这么说你们同不同意，这个姑娘今晚给我们惹了大麻烦？反正我是要回去睡了，亚瑟也是。”

“西林山庄——”蒙博士开口道。

“我告诉你，这种幼稚的说法已经把今晚显灵的机会搅得差不多了。有这场荒唐的闹剧，我已经不指望能见到我们的亡灵朋友了，所以你们不介意的话——并且你确定你的闹剧已经结束了的话——我要跟你们道声晚安了。亚瑟。”蒙夫人说完，转身就走。

“路克吓坏了。”艾琳娜说，瞧着蒙博士和西奥多拉。

“路克吓得不轻，”路克在后面接道，“路克害怕极了，差点没下来。娜娜，你真是个白痴。”

“我可能得站在路克这边。”蒙博士有些不悦。艾琳娜躲开了他的目光，看着西奥多拉，西奥多拉说："我想你也是不得已，娜娜？"

"我没事。"艾琳娜说，她没法再直视他们了。于是她低头看着自己的赤脚，突然意识到是这双脚带着她，毫无知觉地，下了铁梯。她这么想着，瞧着自己的脚，然后抬起头。"我来书房是想找本书看。"她说。

昨晚的事太丢人了。吃早餐的时候谁也没说话，艾琳娜面前还是咖啡、鸡蛋和面包卷，和别人没两样。她还是可以端着咖啡，和他们一起，享受早晨的阳光，谈论新的一天；有一阵子她都快以为昨晚什么也没发生过。路克依旧给她递果酱，西奥多拉还是隔着亚瑟冲她微笑，蒙博士也跟她说早安。吃过早饭，十点达利夫人收拾了桌子，他们一个跟着一个，一言不发地来到活动室，蒙博士坐在了炉火边，西奥多拉穿着艾琳娜的红毛衣。

"路克会把你的车开过来，"蒙博士温和地说。不管他说的是什么，他的眼神都充满关切和友好。"西奥多拉会去帮你收拾东西。"

艾琳娜笑了："她才不会呢，那样她就没衣服穿了。"

"娜娜——"西奥多拉刚要开口，又打住，瞟了一眼蒙夫人，蒙夫人耸耸肩，说道："我检查了那个房间，很自然。我不明白你们怎么没人想到要去检查一下。"

"我本是打算的，"蒙博士抱歉地说，"可是我觉得——"

"你总是觉得，老蒙，这就是你的问题。自然，我第一时间就去检查了那个房间。"

"西奥多拉的房间？"路克问，"我可不想再进去一趟。"

蒙夫人很吃惊,"我不明白,里面没什么不正常的呀！"

"我进去瞧了瞧我的衣服，"西奥多拉对艾琳娜说，"都完好无损。"

"是，房间确实需要打扫了，可你们把房门锁着达利夫人还怎么——"

蒙博士的声音盖过了蒙夫人的，"——我真的很抱歉，要是有什么我可以做的……"

艾琳娜笑了。"可是我不能走。"她说，不知道该怎么向他们解释。

"你在这里已经待了很久了。"蒙博士说。

西奥多拉盯着她。"我不需要你的衣服。你没听见蒙夫人说吗？我不需要你的衣服，即使我以前需要，我现在也不需要了；娜娜，你必须离开这里。”她耐着性子说道。

“可是我不能走。”艾琳娜还在笑，因为实在是没法跟他们解释。

“女士，”路克阴沉着脸说，“我不再欢迎你在这里做客了。”

“或许应该让亚瑟把她送回城去，这样可以确保她安全到达。”

“到达哪儿？”艾琳娜朝他们摇着头，感到她美丽的秀发拂过脸颊。“到达哪儿？”她欢快地问道。

蒙博士说：“自然是到家里。”西奥多拉说：“娜娜，到你自己的小家，你的公寓，你的东西都在那儿。”艾琳娜笑了。

“我没有公寓，”她对西奥多拉说，“那是我编出来的。我住在我姐姐家的育婴室里，睡在儿童床上。我没有家，根本没有地方可去。我不能回我姐姐那儿，因为我偷了她的车。”她笑了，听着自己的话语，那么怯弱，有一股无言的悲伤。“我没有家，”她又说了一遍，满怀希望地看着他们。“没有家。这世上所有属于我的东西都在车后面的纸箱里了。那就是我全部的家当，几本书，我小时候的几样东西，还有妈妈给我的一块表。所以你们没地方可以打发我去。”

我可以，当然可以，一直这样下去，她想告诉他们，想看他们脸上惊恐的表情。我可以一直这样下去，把衣服留给西奥多拉；我可以浪迹天涯，可总归是要回到这里。不如直接让我留下来，反倒轻省、快活，她想告诉他们。

“我想留在这里。”她对他们说。

“我已经跟她姐姐谈过了，”蒙夫人煞有介事地说，“不得不说，她先问的是这辆车，真没教养。我告诉她不用担心。你这样太不好了，老蒙，让她偷她姐姐的车过来。”

“亲爱的。”蒙博士想解释，又咽了回去，无奈地摊了摊手。

“不管怎么说，他们会让她回去。这位姐姐很生我的气，因为他们正打算今天去度假，不过她生气还不是因为……”蒙夫人瞪了一眼艾琳娜，接着说道，“我还是觉得应该有人把她安全地交到他们手上。”

蒙博士摇摇头，一字一句地说：“这样不好，让我们中的一个跟着她不好。我们得让她忘掉这里的一切，越快越好；不能再让她跟这里有任何联系。一旦离开这里，她就能找回自己。你能找到回家的路吗？”他问艾琳娜，艾琳娜笑了。

“我上去替她把东西收拾好，”西奥多拉说，“路克，检查一下她的车，开过来；她只有一个箱子要拿。”

“活着砌到墙里。”艾琳娜又开始冲他们铁青色的脸大笑。“活着砌到墙里，”她说，“我想待在这儿。”

③

他们在西林山庄的台阶上站成一排，守着门，免得她闯进去。在他们头顶，她看见一扇扇窗子俯瞰着下方，塔楼耸立在一旁，等待着。要是她能找到一个说得出口的哭的理由，她肯定就哭了；可她却看着自己的那扇窗，看着山庄那张注视着她的滑稽的面孔，挤出了一丝笑容。山庄在等待，它等的是我，没有人可以代替。“西林山庄想让我留下，”她告诉蒙博士，蒙博士盯着她。他站得笔直，样子十分威严，好像是让她放弃山庄，选择他；好像他以为，既然可以把她带来，就可以把她送走。他背对着房子，她看着他，说：“我很抱歉。我非常抱歉，真的。”

“你得去希尔斯代尔，”他平静地说；他不想说得太多，担心一句好话、一丝同情，都会让他改变主意，放她回来。阳光照耀着山峦，照耀着西林山庄，照耀着花园、草地、绿树和小溪；艾琳娜深吸一口气，转过身来，注视着这一切。“到了希尔斯代尔，上 5 号公路，向东开；开到艾什顿再上 39 号公路，你就会到家。这是为了你好，”他赶忙加上一句，“是为了你好，亲爱的；相信我，我要是早知道——”

“我真的非常抱歉。”她说。

“我们不能冒这个险,你明白吗？一点险都不能冒。我现在才意识到我让你们冒了多大的险。可惜……”他叹口气，摇了摇头，“记住了吗？先到希尔斯代尔，再上 5 号公路——”

“听我说，”艾琳娜酝酿了一会儿，决定告诉他们全部的实情。“我不是害怕，”她终于说道，“我真的不是害怕。我现在很好。我很——快乐。”她热切地望着蒙博士，“快乐。我不知道该怎么说，”她感觉自己快要哭出来了，“我不想离开这里。”

“有一次说不准就有第二次，”蒙博士坚定地说，“你还不明白，我们不能冒险了吗？”

艾琳娜慌了。“有人在为我祈祷，”她愚蠢地说，“是我以前碰到的一位女士。”

蒙博士的声音很温柔，脚却不耐烦地跺地。“你很快就会把这些都忘掉的。你必须忘掉所有西林山庄的事。我真不该让你来。”他说。

“我们在这儿待多久了？”艾琳娜突然问道。

“一个多星期。怎么了？”

“只有在这段时间里，我才真真切切地活过。我喜欢这种感觉。”

“这也就是我们让你尽快离开的原因。”蒙博士说。

艾琳娜闭上眼睛，深呼一口气，倾听着、轻嗅着、感受着西林山庄；厨房外的灌木丛开花了，花香四溢，小溪里，溪水轻拍着石子。远处，楼上，大概是在育婴室，一阵风扫过地板，带走了尘土。书房里，铁梯摇摇晃晃，休·克雷恩的大理石眼睛里闪烁着亮光；西奥多拉的黄衬衫干干净净地挂着，达利夫人正在准备五个人的午餐。西林山庄看在眼里，超然其外，从容不迫。“我不会走的！”艾琳娜冲着高高的窗户喊道。

“你无论如何都得走，”蒙博士终于沉不住气了，“就现在。”

艾琳娜笑了，转过身，伸出一只手。“路克，”她说，他一言不发地走了过来，“谢谢你昨晚把我带下来。我那样太不对了，我现在明白了，你很勇敢。”

“那是当然，”路克说，“我这辈子都没有那么勇敢过。我很庆幸你要走了，娜娜，因为我不想再有第二次了。”

蒙夫人说，“要我说，你要走就赶紧走。我不是不同意告别，尽管我个人觉得你们都太把这地方当回事了，我真觉得，明知道你非走不可，还站在这里劝你，真是浪费时间，我们都还有更重要的事要做。你回去路上还要花时间，你姐姐也在等你，她还要去度假呢。”

亚瑟点点头，“告个别就哭哭啼啼的，我看没必要。”

远处，活动室内，壁炉内的灰烬轻轻落下。蒙夫人说，“老蒙，或许应该让——”

“不行，艾琳娜怎么来的就怎么走！”蒙博士态度很坚决。

“这么美好的一段时光，我该谢谁呢？”艾琳娜问道。

蒙博士和路克一人一边，把她架到车旁，替她打开了车门。大纸箱还在后座上，行李箱在座椅下，外套和钱包都在副驾驶上；路克已经把车打着了。“蒙博士，”艾琳娜抓着他，“蒙博士。”

“抱歉，”蒙博士说，“再见。”

“路上小心。”路克礼貌地说。

“您不能就这么让我走掉，”她拼命叫道，“是您带我来的。”

“现在我送你走，”蒙博士说，“我们不会忘记你的，艾琳娜。可是现在你的当务之急是忘掉西林山庄，忘掉我们。再见吧！”

“再见。”蒙夫人站在台阶上说。亚瑟也说：“再见，一路顺风。”

艾琳娜手已经放上了车门，又停下来回头道，“西奥多拉？”她试探地叫了一声，西奥多拉朝她跑了过来。

“我以为你不跟我再见了呢，哦，娜娜，我的娜娜——要开开心心的，一定要开开心心的。别真的把我给忘了；一切都会好起来的，那时候你再给我写信，我会回信，我们互相串门，一起回忆我们在西林山庄经历的疯狂的事情——哦，娜娜！我还以为你不跟我告别了呢。”

“再见。”艾琳娜对她说。

“娜娜，”西奥多拉怯怯地说，伸出一只手抚摸着艾琳娜的脸颊，“听我说——说不定有一天我们还能在这里相聚呢？说不定还能在溪边野餐呢？我们还没野餐呢！”她对蒙博士说。蒙博士摇了摇头，看着艾琳娜。

“再见，”艾琳娜对蒙夫人说，“再见，亚瑟。再见，蒙博士。希望你的书大获成功。路克，再见。大家再见。”

“娜娜，路上小心点儿。”西奥多拉说。

“再见！”艾琳娜说着，钻到了车里；那感觉既陌生又别扭；我已经习惯了西林山庄的舒适了，她想着，提醒自己冲外面挥了挥手。“再见，”她喊道，不知道还有什么别的话可说了，“再见，再见。”她笨拙地摸索着方向盘，然后松开刹车缓缓向前滑去。

他们也朝她挥手，站在那里目送着她离开。他们会一直注视着我开出去，她想；这才是礼貌的做法。现在我要走了。眷侣相会，旅途方终。但我是不会走的，她想着，大笑道；西林山庄可没有他们那样好说话；不能他们叫我走我就走，除非是西林山庄不留我。“走吧，艾琳娜，”她一遍一遍地叫道，“走吧，艾琳娜，我们不欢迎你了，不欢迎你待在我们的西林山庄了，走吧，艾琳娜，你不能待在这儿；可我偏不走，”她唱道，“可我偏不走；这里的规矩轮不着他们来定。他们休想让我滚蛋，休想把我关在外面，他们不能嘲笑我，也不能躲着我；我不会走的，西林山庄是属于我的。”

她死死踩住油门，自认为耍了一个小聪明；这次他们追不上我了，她想，可是应该也会有所察觉，不知道谁会先注意到呢？路克，八成是他。我能听见他们的叫喊了，她想，还有西林山庄里跑上跑下的脚步声，和山峦渐渐逼近的轻喘。我要做到了，她想着，转动方向盘径直冲向了弯道旁的大树，我真的做到了，我终于自己做到了；是我做的，我真的真的真的是全凭自己做到了。

在小车撞上树干的前一秒，那漫长的、猛烈的一秒钟，她清醒过来，我为什么要这么做？我为什么要这么做？他们为什么不拦着我？

4

听说蒙博士一行人已经离开西林山庄，桑德森夫人终于松了一口气；她对家庭律师说，他们但凡是动一点留下来的心思，她都会毫不犹豫地把他们赶出去。西奥多拉的那个朋友，早已消了怒气，还有些后悔，见到西奥多拉这么快就回来了，自然是喜之不尽。路克去了趟巴黎，他婶婶巴不得他在那儿待久一点。蒙博士分析西林山庄灵异现象的初期报道受到了冷遇，此后也终于不再活跃于学术圈了。西林山庄，丧失了理智，耸立山间，日星隐曜；它已经耸立了八十年，恐怕还要再耸立八十年。山庄里，墙体依然笔直，砖瓦严丝合缝，地板尚还牢固，门也兀自关着；寂静笼罩着西林山庄的一草一木，每一个经过这里的生灵，都会感到孑然一身、形单影只。

译后记

雪莉·杰克逊是美国当代小说家，她最为国人熟悉的作品应该是短篇小说《摸彩》。《摸彩》描绘了一个田园牧歌般的美国小镇，可是在平静的日常生活和淳朴的民风中却蕴藏着巨大的恐惧和威胁。描写心理上的恐惧是雪莉·杰克逊的拿手好戏，她的作品也因此被称为“新美国哥特小说”（new American gothic）。她的小说聚焦个体与社会、自我与超我的冲突，叙述的时间轴混乱不清，梦境与现实交错杂糅，主人公通常性格软弱、自恋、孤独、与世隔绝，最终只能走向失败或自我毁灭。

《邪屋》也是一部典型的“新美国哥特小说”。它被认为是20世纪最棒的恐怖小说，还进入了1960年美国国家图书奖短名单，并在美国兰登书屋“现代文库”的读者评选中被选为20世纪百佳小说之一。《华尔街日报》评论说这部小说“是有史以来最优秀的鬼屋故事”，当代著名惊悚小说作家斯蒂芬·金将之列为20世纪下半叶最好的恐怖小说，并为之撰写了长篇评论。这部小说还于1963年和1999年两次被改编拍摄成电影。

小说的主人公艾琳娜幼年丧父，母亲又一直卧病在床，十几岁的年龄，没有父母的温柔呵护，也没有小伙伴的嬉闹玩耍。她一直守护在母亲的病床前，直到最后一刻。年少时的经历让艾琳娜性格孤僻，一直没有朋友，母亲的死也让她心怀愧疚。好不容易收到蒙太古博士的邀请，去到西林山庄，本以为终于找到了归宿，可以开启新的生活，没想到噩梦一直缠着她不放。同行的人表面上和气，其实也拒绝理解和接受她。直到博士下了逐客令，她的幻梦才终于宣告破灭，只得在离开山庄的最后时刻结束了自己的生命。

整部小说以闹鬼的西林山庄为背景，其实作者并没有明确说山庄真的有鬼，真正骇人的是艾琳娜的恐惧和旁观者的冷漠。艾琳娜的生命从幼年起，就一直处在缺失的状态。父亲去世时的那场石头雨，让她丧失了对周围人的信任。母亲没能给予她足够的温暖和关怀，她和姐姐也一直处在互相猜疑之中。她驱车前往西林山庄的那段路，与其说是从城里到山庄的现实之路，不如说是她释放内心隐蔽愿望的心路。她心心念念的星星杯、石狮守卫的住宅、夹竹桃林内的宫殿，无不传递出一种强烈的寻求母爱与保护的欲望。她三十二岁了，可还是一个从未在母亲怀里撒过欢的孩子。

与西奥多拉的相遇既让她自惭形秽，也让她重新燃起了希望之火：在与西西的姐妹情谊之中，或许能得到对过去缺憾的补偿。于是，为了和西西合得来，她编造了一段过去，忍受了她的专横，经营着表面上的和谐。可就是在这种想让自己变得“像正常人”的努力下，真正的欲望被压制了，伤口在阴暗的角落溃烂，慢慢生出毒素，开始侵蚀她的心志。蒙博士一行人打着科学理性的旗号，研究鬼神之事，却对人内心隐蔽的创伤、恐惧、欲望视而不见，甚至避之不及。鬼神可怖，人心更可怖。或许，这就是西林山庄屹立八十年不倒的原因：它没有鬼，却能映射出人心里的鬼。

翻译长篇小说，对于我还是第一次。因此战战兢兢，生怕出现大的失误，不免有些拘谨，所幸传情达意还算通畅。这期间，我的导师马海良教授所给予的关心和支持，侯毅凌教授在文学翻译课上所传授的理念，都给了我莫大的动力，在此表达诚挚的感谢。

由于本人水平有限，疏漏在所难免，敬请专家学者、翻译界同行和读者批评指正。

杨雪

2016 年 4 月

于北京外国语大学英语学院